LES JARDINS

ET LES CHAMPS

A LA MÊME LIBRAIRIE

NOUVEAU CATÉCHISME D'AGRICULTURE

860 Questions simples et faciles, à l'usage des Écoles primaires ; par A. Dupuis, ancien professeur à l'Institut agricole de Grignon. Vol. in-18, orné de 12 gravures ; 3ᵉ édit. — Prix, cartonné. . . . . 60 c.

DOUZE TABLEAUX D'AGRICULTURE PRATIQUE

A l'usage des Écoles de tous les degrés, accompagnés d'un Guide explicatif ; par L. Bentz, ancien directeur d'École normale, membre de diverses Sociétés scientifiques et agricoles.
Prix de chaque tableau, en noir (0ᵐ, 55 c. sur 0ᵐ, 35) fr. » 75
La collection des douze tableaux. . . . . . . 8 »
Chaque tableau ou planche coloriée d'après nature. 1 50

TITRES DES DOUZE TABLEAUX :

1. Instruments aratoires . 65 fig.
2. Instruments de transport 29 »
3. Id. pour les travaux de la ferme . . 46 »
4. Instruments id . . . 34 »
5. Plantes céréales et légumineuses. . . . 14 »
6. Plantes-racines et tubercules. . . . . 21 »
7. Graminées des prairies naturelles . . . . 13 fig.
8. Herbes fourragères. . 12 »
9. Plantes commerciales et industrielles . . 16 »
10. Plantes nuisibles. . . 15 »
11. Animaux utiles. . . . 25 »
12. Animaux nuisibles . . 26 »

PREMIERS ÉLÉMENTS D'HISTOIRE NATURELLE

Avec de nombreuses gravures dans le texte ; par Mᵐᵉ Clarisse Sauvestre, institutrice. Charmant volume in-18 ; 2ᵉ édition. — Prix, cartonné. . . . . 75 cent.

On vend séparément :
I. **Les Plantes**, demi-cartonnage. . . . . 25 cent.
II. **Les Animaux**, — . . . . 25 cent.
III. **Les Minéraux**, — . . . . 25 cent.

LA VOIX DES FLEURS

Comprenant l'origine des emblèmes donnés aux plantes, les souvenirs et les légendes qui y sont attachés, les proverbes auxquels elles ont donné lieu, les vers qu'elles ont inspirés aux poètes ; enfin des pensées morales des plus grands écrivains sur les vertus ou sur les vices qu'elles représentent ; par Mˡˡᵉ Clarisse Juranville. Joli vol. in-18 jésus ; 2ᵉ édition. — Prix, broché, 2 fr. ; relié en percaline, titre doré, 3 fr.

LE SAVOIR-FAIRE ET LE SAVOIR-VIVRE

DANS LES DIVERSES CIRCONSTANCES DE LA VIE.

Guide pratique de la vie usuelle et nouveau livre de lecture, à l'usage des jeunes filles ; par Mˡˡᵉ C. Juranville. 1 vol. in-12 ; 2ᵉ édition. — Prix, cartonné, 1 fr. 25 ; relié à l'anglaise, 2 fr. 25.

Science du ménage, cuisine, recettes utiles ; soin des malades, remèdes usuels ; convenances sociales, usages, bon ton, politesse ; en un mot tout ce qui concerne l'Economie domestique, l'Hygiène et l'Education est traité sous une forme pratique dans une suite d'articles variés et intéressants, entremêlés de poésies et d'anecdotes de circonstance, de manière à éviter la monotonie qui caractérise trop souvent ces sortes de publications.

LES JARDINS

ET

LES CHAMPS

NOTIONS DE CULTURE ET D'ÉCONOMIE DOMESTIQUE

A l'usage des jeunes filles

PAR

A. DUPUIS

ANCIEN PROFESSEUR A L'ÉCOLE DE GRIGNON
MEMBRE DE PLUSIEURS SOCIÉTÉS D'AGRICULTURE

PARIS

AUG. BOYER et Cie, LIBRAIRES-EDITEURS

49, RUE SAINT-ANDRÉ-DES-ARTS, 49

1880

Tous droits réservés

PRÉFACE

Un programme d'enseignement primaire serait incomplet s'il ne renfermait pas au moins quelques notions usuelles d'*Agriculture* et d'*Économie rurale*. Les jeunes gens auxquels s'adresse cet enseignement sont, en effet, en très grande majorité, appelés à vivre au milieu des champs et à prendre part aux travaux agricoles. Il n'y a plus aujourd'hui aucun doute à cet égard, et il est permis d'espérer que bientôt, dans toutes les écoles primaires, les élèves seront initiés aux éléments d'une industrie qui fournit à l'homme les substances les plus utiles.

Les jeunes filles doivent-elles rester complètement étrangères aux questions agricoles ? Nous ne le pensons pas. On ne saurait évidemment songer à leur enseigner la pratique culturale, telle que les jeunes gens doivent l'exercer un jour. Mais le domaine de l'Agriculture est vaste; il serait bien difficile à un cultivateur, à un chef de maison d'en aborder avec succès toutes les parties. Il en est qu'il serait forcé de négliger, s'il ne trouvait pas auprès de lui une aide intelligente et dévouée.

Tandis que l'homme est aux champs, la femme se tient à son intérieur; la place respective de chacun est ainsi bien marquée. Le soin de l'habitation, la tenue du ménage, la surveillance, peu étendue, mais active, du chez-soi, reviennent comme de droit à la maîtresse de maison.

Cependant, il est impossible d'isoler complètement entre elles les diverses parties d'une exploitation agricole. Tout se touche, tout se tient dans un domaine bien organisé. La femme ménagère, la mère de famille est directement intéressée au succès de l'exploitation. Il faut qu'elle puisse, au besoin, seconder le chef, sinon dans l'exécution, au moins dans la direction et la surveillance des travaux; il est bon qu'elle s'occupe de tout ce qu'il entreprend.

Et d'ailleurs, quand on habite la campagne, ou qu'on va seulement y passer quelque temps, peut-on être tout à fait indifférent à ce qu'on voit faire ? Toutes les opérations de l'Agriculture, tous les objets sur lesquels s'exerce son action présentent un intérêt incontestable; cet intérêt ne peut que s'accroître, lorsque, grâce à quelques études préalables, on peut se rendre compte de ce qui se passe.

Envisagée même comme simple application de l'histoire naturelle, l'Agriculture n'offre-t-elle pas le champ le plus vaste et le plus heureux ? Quelles espèces animales ou végétales plus dignes de notre attention que celles qui, élevées sous nos yeux, sont destinées à satisfaire à nos besoins ou à nos plaisirs ?

Nous avons donc pensé qu'un petit traité de culture à l'usage des jeunes filles ne devait laisser de côté aucune des grandes divisions de cette science. Toutefois il en est sur lesquelles on doit passer rapidement et s'en tenir aux notions les plus indispensables ; ce sont celles qui concernent les gros travaux exécutés par l'homme. D'autres, au contraire, veulent être traitées avec quelques détails, parce qu'elles s'adressent à la ménagère ; telles sont les diverses branches du *jardinage*, la *basse-cour*, la *laiterie* et autres petites industries annexes, et surtout l'*économie domestique*, complément naturel de cet enseignement.

Ce n'est pas un livre de haute science que nous avons voulu mettre entre les mains des jeunes filles; avant tout, nous avons cherché à être clair, méthodique, précis. Nous avions un choix à faire dans l'immense domaine ouvert devant nous.

A la suite de presque toutes nos leçons, on trouvera des morceaux de prose ou de poésie, empruntés à divers auteurs et se rapportant à l'objet traité. Ce sera une distraction agréable et utile, et une preuve de plus que les sujets les plus techniques se prêtent aisément aux formes littéraires les plus variées.

LES JARDINS ET LES CHAMPS

GÉNÉRALITÉS

Le *Mesnage des champs :* telle est l'heureuse et charmante expression par laquelle notre illustre agronome Olivier de Serres et plusieurs de nos bons vieux auteurs ont désigné l'ensemble des travaux ou des occupations dont se compose la vie du cultivateur.

Cette expression est large, car elle embrasse toutes les parties, toutes les phases de la vie champêtre ; elle est, en même temps, claire et précise, car elle désigne parfaitement l'objet qu'on a en vue.

Aujourd'hui, nous nous servons plus volontiers des mots *Agriculture, Agronomie, Économie rurale,* etc. Ces expressions, qui ne sont pas exactement synonymes, se rapportent à l'art de fertiliser la terre et d'en utiliser les produits.

L'*agriculture*, si l'on prend ce mot dans son acception rigoureuse, se réduit à la culture des champs. Mais on est naturellement conduit à étendre sa signification.

Parmi les végétaux que produit le sol, il en est dont

l'homme tire un parti immédiat ; tels sont ceux qui servent à sa nourriture, à son habillement, à son industrie. Il en est d'autres qui ne sont utilisés par lui que lorsqu'ils ont passé par un intermédiaire. Ainsi, beaucoup de plantes servent, en tout ou en partie, à nourrir les diverses espèces d'animaux domestiques qui fournissent à l'homme leur chair, leur lait, leur toison, etc.

L'étude des animaux domestiques est donc appelée à former une partie essentielle de l'agriculture, dont le cadre, devenu très vaste, comporte de grandes divisions, désignées chacune par un nom particulier.

Ainsi, laissant à l'*agriculture* proprement dite les champs et les prés, l'*arboriculture* s'occupe des arbres fruitiers ; la *sylviculture,* des bois et des forêts ; l'*horticulture,* des jardins en général ; la *floriculture,* des fleurs et des plantes d'ornement.

Parfois, une seule espèce offre assez d'importance pour donner son nom à une branche spéciale de la science ; la culture de la vigne, par exemple, porte le nom, généralement admis, de *viticulture*.

L'agriculture ordinaire, celle qui s'attache uniquement à la production céréale et fourragère, est souvent qualifiée de *grande culture;* les autres industries agricoles, que nous venons d'énumérer, sont réunies sous le nom collectif de *cultures spéciales*.

Pour en finir, momentanément du moins, avec ce mot *culture*, qu'on ne saurait d'ailleurs s'étonner de voir fréquemment répété dans nos études, nous dirons encore qu'on l'a appliqué, par extension, à quelques parties de l'élève des animaux.

Ainsi, la *gallinoculture* s'adonne spécialement à l'éducation des poules, ou plus généralement des oiseaux de basse-cour ; l'*apiculture* s'occupe des abeilles, et la *sériciculture,* des vers à soie ; tandis que la *pisciculture* s'attache aux animaux aquatiques, confondus, dans le langage vulgaire, sous le nom de poissons.

En résumé, l'agriculture, si l'on a égard aux objets sur lesquels elle s'exerce, présente trois divisions principales, qui peuvent elles-mêmes se subdiviser :

1° L'*agrologie* est l'étude du sol considéré en lui-même et dans ses propriétés diverses ; elle s'occupe aussi des moyens de fertiliser ce sol, de l'améliorer, de le mettre en valeur ; ces moyens sont les amendements, les engrais, les labours, les arrosages, les dessèchements, etc.

2° La *culture* proprement dite embrasse tout ce qui est relatif aux végétaux cultivés : céréales ; plantes fourragères, industrielles, potagères ; espèces médicinales ; arbres fruitiers et forestiers ; végétaux d'agrément, etc.

3° La *zootechnie* est l'art d'élever et d'utiliser les animaux domestiques, qui comprennent : le gros et le menu bétail (bœufs, moutons, chèvres, porcs) ; la basse-cour (lapins, poules, dindons, etc.) ; les oiseaux de colombier et de volière ; les poissons ; les abeilles ; les vers à soie.

L'*économie rurale,* qui marche parallèlement à l'agriculture, est l'application des données précédentes à la bonne administration d'un domaine.

Il est une autre science plus modeste, qui a des rapports intimes avec l'agriculture, ou plutôt qui en est le complément naturel et indispensable. Nous voulons parler de l'*économie domestique,* dont le cadre renferme tout ce qui se rattache à la bonne gestion d'un honnête intérieur : ameublement, vêtement, lingerie, alimentation, chauffage, etc. L'économie domestique n'est autre chose que la science même du ménage ; elle apprend à se procurer, tout en réglant et en modérant ses dépenses, la plus grande somme possible de bien-être et de confortable.

On voit donc que l'agriculture comporte des occupations nombreuses et variées ; la plus humble ferme est, sous ce rapport, un petit monde. La besogne n'y manque pas ; mais elle s'exécute vite et bien, si chacun a sa tâche tracée et l'accomplit en conscience.

La femme est appelée à jouer, dans l'entreprise agricole, un rôle plus ou moins actif ; elle s'en tirera bien mieux si elle a reçu une instruction préparatoire qui lui permette de raisonner ses opérations.

Pour peu qu'on ait visité nos campagnes, on n'a pas été sans voir des femmes occupées aux travaux champêtres ; cela a lieu surtout dans les contrées où les bras font défaut, et aux époques où des opérations urgentes, telles que la moisson ou la vendange, exigent le concours assuré de toutes les forces disponibles. Ce sont là, si l'on veut, des circonstances exceptionnelles. Il n'en est pas moins vrai que les femmes ne sauraient, à l'époque actuelle, rester étrangères à tout ce qui concerne les choses de l'agriculture.

Dans un ménage rural, la division du travail, cette grande loi qui régit l'univers entier, ne présentera aucune difficulté dans son application.

A l'homme les labeurs qui nécessitent une action vigoureuse, des efforts soutenus, un tempérament robuste, le séjour au grand air en toute saison. A lui donc les labours, les hersages, les roulages, le charroi des engrais ou des denrées produites ; à lui encore l'exploitation des bois, l'entretien des chemins, ou la conduite des machines agricoles.

A la femme les occupations en rapport avec ses forces physiques, celles qui comportent avant tout de la patience, des soins minutieux et assidus, de l'adresse, du goût, et même, au besoin, un peu de coquetterie. A elle la surveillance des jardins, et surtout du jardin d'agrément ; à elle la basse-cour, la laiterie, la magnanerie, la cueillette des fruits, la récolte des plantes médicinales ou propres aux usages domestiques.

Il est encore une partie de l'administration qui lui revient de droit et qu'on aurait bien mauvaise grâce à lui disputer. Nous voulons parler, on le devine, de tout ce qui concerne l'habitation et ses dépendances immédiates : mobilier, lingerie, cuisine, chauffage, éclairage, entretien et conservation des provisions de toute sorte.

Mais on ne saurait fixer une limite stricte entre ces deux groupes d'attributions ; tout se lie, tout s'enchaîne dans la gestion d'un domaine rural. Il est donc très utile que la châtelaine, comme la simple fermière, possède au moins des notions générales sur toutes les branches de la production agricole.

La vie champêtre

Oui, je reviens à toi, berceau de mon enfance,
Embrasser pour jamais tes foyers protecteurs.
Loin de moi les cités et leur vaine opulence !
    Je suis né parmi les pasteurs.

Reconnaissez mes pas, doux gazons que je foule,
Arbres que dans mes jeux j'insultais autrefois,
Et toi, qui loin de moi te cachais à la foule,
    Triste écho, réponds à ma voix.

Je ne viens pas traîner, dans vos riants asiles,
Les regrets du passé, les songes du futur :
Je viens vivre, et, couché sous vos berceaux fertiles,
    Abriter mon repos obscur.

S'éveiller le cœur pur, au réveil de l'aurore,
Pour bénir au matin le Dieu qui fait le jour,
Voir les fleurs du vallon sous la rosée éclore,
    Comme pour fêter son retour ;

Guider un soc tremblant dans le sillon qui crie,
Du pampre domestique émonder les berceaux,
Ou creuser mollement au sein de la prairie,
    Les lits murmurants des ruisseaux ;

Le soir, assis en paix au sein de la chaumière,
Tendre au pauvre qui passe un morceau de son pain,
Et fatigué du jour, y fermer sa paupière,
    Loin des soucis du lendemain ;

Sentir, sans les compter, dans leur ordre paisible
Les jours suivre les jours, sans faire plus de bruit
Que ce sable léger dont la fuite insensible
    Nous marque l'heure qui s'enfuit ;

Voir de vos doux vergers sur vos fronts les fruits pendre,
Vos chers petits enfants dans vos bras accourir,
Et, sur eux appuyé, doucement redescendre :
    C'est assez pour qui doit mourir.

                              A. DE LAMARTINE.

CHAPITRE I

L'HABITATION

I. — La Maison

L'habitation du cultivateur varie, pour ainsi dire, à l'infini, suivant sa position sociale et les ressources dont il dispose ; elle est subordonnée aussi, jusqu'à un certain point, aux usages de la localité, aux matériaux qu'on a sous la main, au système de culture ou d'exploitation qu'on a choisi. Dans tous les cas, il importe que le chef du domaine, celui de qui dépend le succès de l'entreprise, soit logé d'une manière convenable.

Toute habitation doit satisfaire à trois conditions essentielles : solidité, salubrité, confortable. Lors donc qu'on aura à faire bâtir, on ne perdra pas de vue ces trois points indispensables ; on s'entendra, à cet égard, avec un architecte habile et consciencieux. Rien n'empêche, du reste, de se donner un luxe raisonnable, dans la mesure de ses moyens.

Le plus souvent, on entre dans une maison toute construite, et il faut bien la prendre telle qu'elle est. Néanmoins, il est toujours possible, par des réparations opportunes et de bons soins d'entretien, de corriger, au moins en partie, ce qu'elle peut offrir de défectueux, et de lui donner, en échange, les qualités requises.

Nous disons que la maison d'habitation doit avant tout être solide ; pour cela, il faut de bons matériaux, mis en œuvre et disposés suivant les règles de l'art. On ne voit encore que trop souvent, dans nos campagnes, de mauvaises bicoques, construites en bois ou en torchis, ayant pour tout pavé la terre battue et pour couvert une simple couverture en chaume. Ces pauvres et informes bâtisses, qui ne satisfont à aucune des conditions voulues, et que peut seul faire excuser l'état de gêne des populations, présentent en outre un grave danger : les incendies s'y déclarent et s'y propagent avec une déplorable facilité. On doit désirer que cet état de choses change tout à fait; mais le progrès tarde malheureusement à se produire.

On est pourtant heureux de constater l'extension que prend tous les jours l'emploi de la pierre, de la brique et du fer pour les bâtiments, de l'ardoise et de la brique pour les toitures, des carrelages et des parquets pour l'intérieur.

Nous disons qu'une maison est commode et confortable, quand les pièces qui la composent sont en nombre et de dimensions raisonnables ; que les communications et les dégagements sont aisés ; que les portes, les fenêtres, les placards, les cheminées sont parfaitement à leur place et fonctionnent bien ; en un mot, que toutes les parties de cette maison sont disposées au mieux pour les besoins du service.

La salubrité des habitations, grandes ou petites, est d'une nécessité absolue. Parmi les causes qui peuvent rendre les maisons malsaines, il faut citer en première ligne l'excès d'humidité permanente.

Dans les pays pauvres et arriérés, dans les vieux quartiers des villes, il arrive souvent que les maisons se trouvent plus ou moins enfoncées au-dessous du niveau du sol environnant. On comprend les inconvénients qui en résultent, surtout sous les climats et dans les terrains humides. La maison doit donc être un peu élevée au-dessus du sol; il serait mieux encore qu'elle fût bâtie sur caves ou sur un sous-sol, convenablement aérés à l'aide de soupiraux ou même d'une cheminée d'appel (1), et pouvant être utilisés comme bûcher, cave, cellier, etc.

Le choix de l'exposition, quand on a toute liberté à cet égard, n'est pas indifférent. On recommande tantôt le midi, tantôt le levant; en prenant un terme moyen, on peut dire que le sud-est est l'exposition la plus avantageuse. Mais ici il faut souvent tenir compte de la configuration du sol, de la direction des chemins, du voisinage des eaux ou des forêts, et d'autres circonstances locales, qui peuvent faire modifier l'orientation.

Dans tous les cas, il est encore, pour obtenir la parfaite salubrité d'une habitation, un moyen à la portée de tout le monde : c'est la propreté. Que la maison soit donc constamment tenue en bon état; que tout soit balayé, lavé, nettoyé, quand le besoin s'en fait sentir; que l'air soit souvent renouvelé; la santé et le bien-être y gagneront beaucoup.

---

(1) Une *cheminée d'appel* est destinée surtout à attirer, à *appeler* vers le sommet l'air vicié des parties inférieures, de manière à établir un courant et un renouvellement continuels.

II. — Le Mobilier

Le mobilier n'est pas seulement une affaire de luxe ; c'est, dans tout ménage aisé, un objet essentiel et qui mérite l'attention. Avoir tous les meubles nécessaires ou utiles convenablement disposés, mais éviter l'encombrement et l'ostentation, tel est le but que doit se proposer une bonne ménagère.

Les meubles doivent être établis dans les meilleures conditions de solidité et de durée, ce qui d'ailleurs n'exclut pas une certaine recherche. Il faut aussi que le mobilier soit assorti, comme style, avec l'habitation. Les vieux bahuts peuvent être de mise dans les grands hôtels de la Renaissance, où d'ailleurs on a souvent recours à d'habiles imitations.

Dans nos maisons modernes, contentons-nous de ces meubles plus simples, mais très élégants, sur lesquels nos ébénistes de l'époque actuelle semblent imprimer un cachet tout particulier de bon goût. Évitons surtout les disparates que présente un amas incohérent de modèles pris à toutes les époques et dans tous les pays. Gardons-nous toutefois de proscrire les meubles, les œuvres d'art ou les simples effets personnels qui nous viennent de nos ascendants ; conservons-les, au contraire, avec un soin pieux ; mais qu'ils soient pour nous des souvenirs de famille, et non des curiosités d'apparat.

Il serait superflu de détailler longuement les objets qui doivent garnir une maison. Contentons-nous de quelques détails sommaires sur ce sujet.

Au vestibule, comme à l'antichambre, on placera des sièges, pour le cas où les visiteurs seraient forcés d'attendre ; il est à peine besoin de dire que l'on abrègera cette attente le plus possible.

Dans la salle à manger, le meuble principal est une table à rallonges, qui permet de recevoir des convives en nombre variable, mais parfois assez grand. Il importe peu que les sièges soient luxueux ; l'essentiel est qu'on y soit commodément assis. Une lampe à suspension éclairera parfaitement, sans gêner le service. Enfin, un dressoir-étagère servira à déposer certains objets, la vaisselle de rechange, en un mot tout ce dont on peut avoir besoin dans un repas.

Au salon, un luxe de bon goût et proportionné à la fortune du propriétaire est parfaitement de mise ; le canapé, les fauteuils, les chaises, les tabourets sont en acajou, en palissandre ou autres bois précieux, et recouverts en damas ou en velours. Des fleurs de serre ou de pleine terre, suivant la saison de l'année, ornent bien un salon.

N'oublions pas un meuble devenu aujourd'hui à peu près indispensable, le piano. C'est par excellence l'instrument des dames, et il sera souvent bien utile pour occuper et charmer les longues soirées d'hiver.

Dans la chambre à coucher, on doit s'attacher avant tout à avoir un bon lit. Qu'il soit en fer ou en bois, l'essentiel est qu'il soit bien garni des objets nécessaires pour procurer un sommeil agréable et sain. Dans les campagnes, on a conservé l'usage de la paillasse remplie de feuilles de maïs. Dans les villes, on y substitue généralement un sommier élastique. Dessus, on met un ou deux matelas, quelquefois un lit de plume. Un petit tapis ou descente de lit, une table de nuit, une commode, des sièges, parfois une armoire à glace, complètent l'ameublement.

Le cabinet de toilette, quand les dispositions s'y prêtent, a sa place marquée à côté ou tout près de la chambre à coucher. Il doit être muni des objets nécessaires pour les soins à donner au corps; il faut qu'on y trouve surtout en abondance de l'eau et du linge blanc.

Tous les meubles, qu'ils soient modestes ou luxueux, ont besoin d'être entretenus très propres et nettoyés à l'occasion; cette nécessité se fait sentir particulièrement pour les meubles en bois plaqués, très répandus aujourd'hui. La première chose à faire, c'est de les frotter, pour les débarrasser de la poussière et de l'humidité qui concourent à les détériorer. Pour les meubles cirés, on se servira de chiffons de laine, même un peu rudes; on les proscrira sévèrement, au contraire, pour les meubles vernis, que leur contact pourrait rayer.

III. — La Lingerie

Le linge, dans l'acception que nous donnons à ce mot, était peu usité chez les anciens. Son emploi s'est généralisé en suivant les progrès de la civilisation.

Aujourd'hui, dans beaucoup de localités rurales, la plupart des petites fermes contiennent un champ destiné à la culture du chanvre. Dans d'autres, on se contente d'acheter du chanvre tillé et peigné; on le file en famille, dans les longues soirées d'hiver; puis on en fait faire de la toile, qui doit servir aux besoins du ménage. Cet usage toutefois va se perdant, par suite des perfectionnements apportés dans l'industrie du tissage, et qui permettent d'avoir les tissus à meilleur marché.

Les matières employées à la confection du linge, cette

expression étant prise dans le sens le plus large, se réduisent à trois principales : le fil, le coton et la laine.

Le *fil* est formé des fibres textiles de quelques végétaux, parmi lesquels il faut citer en première ligne le chanvre et le lin. C'est celui-ci qui donne la filasse la plus soyeuse et les tissus les plus recherchés ; on en fait la batiste, le linge damassé, la dentelle, etc.

Le *coton* est une sorte de long duvet qui entoure les graines du cotonnier. Il sert à faire la mousseline, la percale, le calicot ; on l'emploie aussi pour la bonneterie. Mélangé avec le fil, la laine ou la soie, il entre dans la composition d'étoffes très variées. Enfin, c'est la base de la fabrication des indiennes et des toiles peintes.

La *laine* est le poil ou la toison des moutons, brebis, agneaux, etc. Elle occupe une certaine place dans la lingerie, et surtout dans la bonneterie. La flanelle est un tissu de laine très fin et destiné à être porté immédiatement sur le corps.

Le fil, le coton et la laine ne servent pas seulement dans la lingerie ; ils entrent aussi dans la confection des vêtements. Sous ce dernier rapport, il convient de leur adjoindre la soie, matière plus luxueuse, mais dont l'usage prend de jour en jour plus d'extension.

Au point de vue de l'emploi auquel on les destine, on distingue le linge de corps et le linge de table. On peut rattacher au premier les draps de lit, les taies d'oreiller ; au second, les tabliers de cuisine, les essuie-mains, etc. Il est inutile d'entrer dans de plus longs détails à ce sujet.

A un autre point de vue, on distingue le linge fin et le gros ; ces termes se définissent d'eux-mêmes.

Le linge, quel qu'il soit, doit être bien rangé dans les armoires, les commodes ou les placards ; c'est le moyen de trouver tout de suite les objets dont on a besoin.

Il faut aussi qu'il soit entretenu soigneusement et réparé aussitôt qu'on y remarque la moindre détérioration. Une usure légère finit par devenir un trou ou une déchirure ; le linge négligé se détruit promptement.

Enfin, la propreté la plus méticuleuse est ici de rigueur. Le linge sale entassé, surtout quand il est encore humide, et aussi celui qui est blanchi avec peu de soin et par de mauvais procédés, ne sauraient se conserver longtemps en bon état.

Une bonne ménagère peut très bien blanchir et repasser elle-même le linge fin de la maison ; c'est un travail qui n'a rien de fatigant, et, en agissant ainsi, on ménage les objets et on les fait durer plus longtemps.

Quand on peut avoir une petite pièce destinée spécialement à la lingerie, cela n'en vaut que mieux. On y tend des cordes pour mettre le linge sécher, et, en hiver, on chauffe la pièce avec un poêle ou une cheminée.

Dans les grandes villes, il existe des lavoirs publics, disposant d'eau chaude ou froide à volonté, bien munis de séchoirs et d'essoreuses, en un mot aménagés de manière à pouvoir suffire à toutes les opérations du blanchissage, qui s'y font même très rapidement.

Dans les communes rurales, le lavoir consiste en une enceinte couverte, renfermant un bassin alimenté par une source ou un cours d'eau voisin. Des dalles ou des madriers en bois de chêne sont disposés sur le bord de ce bassin, avec une inclinaison suffisante pour faciliter le travail des laveuses et l'écoulement de l'eau.

Beaucoup de villages sont privés même de ces modestes établissements, et les laveuses en sont réduites à se contenter de ruisseaux ou de mares, dont l'eau, qui n'est pas toujours très propre, est souvent exposée à faire défaut à l'époque où l'on en aurait le plus grand besoin.

Dans tous les cas, lorsqu'on donne du linge à blanchir, ce linge doit d'abord être bien marqué, et il faut en prendre et en conserver une note exacte, afin de prévenir les difficultés qui pourraient se produire par suite de pertes ou de substitutions.

La légende du chanvre

Plus de large foyer rempli de chènevottes ;
L'herbe nouvelle naît aux premiers feux d'avril :
Quenouille en main, sous l'arbre où chantent les linottes,
De la grossière étoupe il faut tirer le fil.

La fileuse est assise au seuil de la chaumière,
Un rayon de soleil tremblote à ses genoux.
— Tant d'ingénuité paraît sous ta paupière,
Tes cheveux sont si blonds et ton accent si doux,

Qu'en te voyant porter au sein ta croix bénite,
Et tourner ton rouet à l'ombre des lilas,
Je crois voir dans sa fleur, je crois voir Marguerite,
Une fileuse aussi, que tu ne connais pas...

Mais toi, file gaîment, travaille, alerte blonde,
Poursuis ton écheveau. Le regard de tes yeux
Est plus pur que la source où tu vas puiser l'onde,
Et ton cœur, plus serein que n'est l'azur des cieux...

Robuste tisserand, fais courir ta navette,
Frappe, frappe, muet et seul dans l'ombre assis ;
Par l'étroit soupirail un rayon se projette
Et vient dorer le fil tendu sur tes châssis.

Sombre et le dos voûté, fais courir ta navette,
Frappe, frappe ! Les fils fixés sur le métier
Se croisent, et bientôt la toile sera faite,
Longue et large à couvrir un arpent tout entier...

Et toi que sa douceur dans ta souffrance égaie,
Pensais-tu retrouver sur un lit d'hôpital,
Dans les brins de charpie étendus sur ta plaie,
Le chanvre qui mûrit près du foyer natal ?

Tes yeux se sont ouverts, et dans la grande salle
Un visage inconnu sourit à ton côté :
Ce regard maternel, cette voix virginale,
C'est l'ange d'ici-bas, la sœur de charité.

ACHILLE MILLIEN.

IV. — Chauffage. — Éclairage

Le feu, nécessaire en toute saison à la cuisine pour la préparation des aliments, le devient aussi, par les temps froids, dans les pièces habitées. Produire beaucoup de chaleur avec le moins de frais possible, tel est l'objet du chauffage.

Dans les grands établissements, comme dans les maisons particulières d'une certaine importance, un *calorifère*, muni d'un nombre suffisant de bouches de chaleur, est le meilleur moyen d'obtenir une température douce et réglée.

Dans la plupart des ménages bourgeois, la *cheminée* est un excellent appareil ; elle donne le chauffage le plus sain et le plus gai, mais non le plus économique, car elle laisse perdre la plus grande partie de la chaleur.

Sous ce dernier rapport, le *poêle* est préférable ; mais

il présente des inconvénients pour la salubrité. Non seulement l'air n'est pas assez renouvelé par ce moyen, mais encore il est vicié et desséché plus promptement ; on peut, il est vrai, atténuer ce dernier effet en mettant sur le poêle un vase plein d'eau.

Le *brasero* et la *chaufferette* présentent des dangers analogues, mais encore plus prononcés.

Un bon chauffage ne dépend pas seulement de la nature des appareils employés, mais encore de celle des matières combustibles, qui sont très variées.

Le *bois* est le combustible par excellence, celui que la nature produit à profusion dans les forêts, et qui se reproduit, quand elles sont bien aménagées, de manière à pouvoir toujours satisfaire aux besoins de la consommation. En général, il donne un feu clair et vif, accompagné de flamme, qui le rend plus agréable et plus gai.

La qualité du bois, comme combustible, varie, pour ainsi dire, à l'infini, suivant l'essence de l'arbre qui l'a produit, l'âge de celui-ci, son degré de dessiccation ou la partie du végétal que l'on emploie. Le chêne, le hêtre, l'orme, le charme sont les bois les plus estimés.

Le *charbon* donne plus de chaleur, mais il est beaucoup moins sain et a le défaut d'émettre des vapeurs qui portent à la tête ; aussi n'est-il guère employé que pour la cuisine ou dans certains établissements industriels. Sa qualité est aussi très variable, suivant l'essence ou l'âge du bois et les procédés de fabrication. Le charbon dit *de Paris* a la propriété de brûler plus lentement.

On peut dire que la *tourbe* est le combustible des pays qui n'en ont pas d'autre ; elle brûle lentement, en produisant une fumée piquante et désagréable. En somme, on la regarde comme un chauffage malsain. Le charbon de tourbe est un peu plus avantageux.

La *houille* ou *charbon de terre* donne beaucoup de chaleur, et son emploi présente une économie notable sur celui du bois. Mais, pour la brûler dans une cheminée, il faut que celle-ci soit munie d'une grille.

Le *coke,* résidu de la combustion ou de la distillation de la houille, brûle sans flamme et ne fait pas de fumée ; mais il ne se consume qu'en grande masse et sous l'action d'un fort courant d'air.

Les *péras artificiels* ou *agglomérés* ont la forme de briques, et sont composés de débris de houille, auxquels on ajoute du brai, sorte de goudron, pour en faire des masses compactes ; ils donnent un bon chauffage.

. Les *mottes* à brûler sont des cylindres plats, composés de débris de tannée, de tourbe, de marc d'olives ou de raisin, de tourteaux ou d'autres substances analogues. Les résidus pulvérulents de presque tous ces combustibles sont utilisés, sous le nom vulgaire de *poussier.*

Le chauffage *au gaz* tend aujourd'hui à se répandre, grâce aux avantages et à l'économie qu'il présente, surtout depuis que l'industrie a établi des appareils qui servent à fabriquer le gaz hydrogène à domicile.

C'est encore ce gaz qui constitue jusqu'à ce jour le plus puissant moyen usuel d'éclairage. Il n'est guère pourtant d'un usage général que dans les villes, ou du moins dans les centres de population assez importants pour pouvoir faire les frais assez considérables d'une usine et des travaux de conduites.

Dans les ménages, où l'on a souvent besoin de luminaires portatifs, on se sert souvent de bougies de cire ou de bougies stéariques, et de chandelles de suif ; il y a même des pays où les ménages pauvres n'emploient guère que des copeaux de bois résineux.

On utilise aussi pour le même usage les huiles d'olive,

de colza, de navette, de pavot, et même quelques huiles minérales, schiste, pétrole, essence, etc. Mais l'emploi de celles-ci nécessite beaucoup de soins et de précautions, car la moindre imprudence peut souvent provoquer de très graves accidents.

V. — La Cuisine

La nourriture de l'homme exige presque toujours une certaine préparation pour pouvoir être consommée : aussi la cuisine n'est-elle pas la partie la moins importante d'un ménage.

L'homme est essentiellement omnivore ; son régime alimentaire se compose de substances animales et végétales très variées ; nous allons passer sommairement en revue les plus intéressantes.

Le pain, qui est l'aliment par excellence, est fait avec la farine des *céréales* mise en pâte, fermentée et cuite au four. Le pain de froment est le meilleur et le plus recherché ; celui de seigle, qui ne vient qu'en seconde ligne, a l'avantage de se conserver frais pendant plus longtemps ; le mélange des farines de froment et de seigle constitue le pain de méteil.

Les autres céréales, avoine, maïs, orge, riz, sarrasin, sont peu ou point propres à la panification ; mais on en fait des bouillies, des gâteaux, des pâtes, qui peuvent remplacer le pain jusqu'à un certain point.

La châtaigne, la pomme de terre, le tapioca et quelques autres *substances féculentes* servent aux mêmes usages, dans les pays où le froment fait défaut.

La chair des *animaux domestiques* joue aussi un grand rôle dans l'alimentation de tous les ménages aisés. Celle de bœuf est très nourrissante et facile à digérer ; celle du veau est plus blanche, plus tendre, mais un peu plus lourde. La chair du mouton est plus succulente, plus ferme et plus digestible. On fait avec ces viandes, surtout avec le bœuf, d'excellents bouillons.

Le cochon a une chair ferme, lourde, indigeste, et qui serait malsaine si on en faisait un usage exclusif et prolongé ; mais, grâce aux nombreuses préparations que l'art du charcutier lui fait subir, elle devient une ressource pour les ménages, pourvu qu'on en use modérément.

Le lapin domestique peut rendre des services dans les campagnes, où on en élève souvent beaucoup à peu de frais.

La *volaille* est un aliment très sain, agréable et fort estimé. On recherche surtout l'espèce galline (1), qui nous donne aussi d'excellents œufs.

Le dindon est encore un mets très distingué, et on peut en dire autant du pigeon, bien que celui-ci soit un peu échauffant. Le canard et l'oie ont une chair assez lourde ; il ne faut pas en abuser.

Le *gibier,* et surtout la *venaison* (2), ne paraissent qu'assez rarement sur les tables bourgeoises. Ce n'est pas un mal, car on les mange avec plus de plaisir, et on évite les fâcheux effets d'une consommation immodérée.

Les diverses viandes dont nous venons de parler se servent en général, soit rôties, ce qui est la meilleure manière d'en faire usage, soit bouillies ou cuites dans leur jus, ou avec des sauces très variées.

1 *Espèce galline,* comprenant le coq, la poule, le poulet.
2 *Venaison,* chair de bête fauve : cerf, chevreuil, sanglier.

La classe des *poissons* renferme de très nombreuses espèces comestibles, et fournit un large appoint à l'alimentation des localités situées au voisinage de la mer, des étangs ou des grands cours d'eau.

On distingue dans ce groupe trois catégories : 1° les poissons d'eau douce : truite, anguille, brochet, carpe, tanche, goujon, etc. ; 2° ceux qui vivent alternativement dans les eaux douces et dans les eaux salées : alose, lamproie, saumon, etc.; 3° les poissons de mer : morue, sole, raie, turbot, etc.

La plupart des poissons se mangent frais ; cependant, il en est quelques-uns que l'on conserve de diverses manières, comme provisions de ménage ; tels sont surtout les anchois, les harengs, les sardines, la morue, etc.

A la suite des poissons, on range quelques animaux aquatiques, entre autres les *crustacés*, comme les crevettes, les écrevisses, les crabes, les homards ; et les mollusques, parmi lesquels il faut citer les huîtres et les moules.

Pour compléter ce qui a rapport aux substances animales, nous nous contenterons de citer le *lait,* auquel s'ajoutent ses dérivés : le beurre et les fromages.

Nous ne ferons que mentionner ici les aliments tirés du règne végétal, sur lesquels nous aurons occasion de revenir plus longuement. Ils peuvent se ramener (le pain mis à part) à deux groupes, les *légumes* et les *fruits,* qu'on mange frais ou secs.

Le *chocolat,* le *café* et le *thé* peuvent être rangés dans la catégorie des aliments ordinaires.

Les condiments ou assaisonnements sont des substances peu ou point nourrissantes par elles-mêmes, mais qu'on ajoute aux mets pour en rehausser la saveur ; tels sont : le sucre, le miel, les huiles, le vinaigre, le sel, le poivre, etc.

La cuisine ancienne

C'est dans Homère qu'il faut chercher un manuel complet de l'art culinaire chez les anciens. Homère n'est point un de ces poètes qui d'une voix lamentable prêchent l'abstinence; qu'il traite des dieux et des déesses ou de simples mortels, il a soin de les doter d'un robuste appétit; quand il les a baignés et parfumés, il les admet à une table fort propre, dont les quartiers de brebis, de porc, de génisse, de chèvre, et les corbeilles de fruits savoureux rivalisent avec les meilleurs vins pour chasser la faim et la soif et égayer l'esprit. C'est à table qu'Ulysse se délasse de ses fatigues et que le désespoir de Priam fait trêve. Les convives ne perdent pas leur temps, croyez-le, et pendant que les coupes d'or circulent, que les plats d'argent se succèdent, ils causent avec tant d'âme, que ni Démosthène, ni Cicéron, selon la remarque de Quintilien et de Macrobe, n'ont surpassé leur éloquence.

Que ses héros soient appelés au combat ou qu'ils aspirent au repos, jamais le grand poète n'oublie de réparer leurs forces par quelque collation succulente.

Au besoin le bouillant Achille se transforme en un rôtisseur expérimenté; la chaste Pénélope, grugée par ses prétendants, met elle-même la main à la pâte; Calypso et ses nymphes font merveille, et les régalades sur le gazon de la discrète Nausicaa font venir l'eau à la bouche.

On a sous la main tout ce qui suffit aux premiers besoins, dit Sénèque, car le nécessaire se réduit à n'avoir ni faim, ni soif, ni froid. Mais les Grecs ne pensaient point comme Sénèque; aussi écrivirent-ils des traités sur l'art culinaire et parcoururent-ils des contrées lointaines pour découvrir des produits nouveaux.

P. LAROUSSE.

VI. — L'Office et la Cave

Sans aller jusqu'aux derniers raffinements de l'art gastronomique, il importe que tout le monde soit bien nourri. Pour cela, il ne suffit pas d'avoir des aliments abondants et bien choisis, il faut encore une cuisine organisée de manière à en tirer le meilleur parti.

Cette organisation dépend de conditions très variées, et notamment des ressources dont on dispose. Une ménagère économe et active saura toujours se tirer d'affaire; sans dépasser les limites de son budget, elle assurera le nécessaire et pourra même, à l'occasion, y ajouter quelques petites douceurs.

Dans les ménages les plus humbles, la cuisine se fait dans une des pièces, souvent même dans l'unique pièce de l'habitation. Un peu plus d'aisance permet de lui affecter un local spécial, muni d'une cheminée, d'un fourneau, d'une table et d'une pierre à évier.

Avec des ressources suffisantes, on arrive à établir une cuisine modèle, spécialement destinée à la cuisson des aliments, et accompagnée de deux ou trois pièces accessoires, qui facilitent la bonne exécution de tous les détails du service.

Un petit four, situé au voisinage immédiat de la cuisine, sera très utile dans les habitations rurales éloignées des boulangeries; il servira, non seulement à cuire le pain, mais encore à préparer certains mets, et même, avec quelques modifications, les aliments qui doivent être donnés cuits aux animaux.

Une pièce, désignée sous le nom de *laverie* et renfermant l'évier, sera consacrée particulièrement au nettoyage de la vaisselle, et en général de la batterie de cuisine.

C'est ici, en effet, que la plus exquise propreté acquiert une importance exceptionnelle.

On doit veiller avec un soin minutieux sur les vases en cuivre, surtout quand ils ne sont pas étamés. Les corps gras, le vinaigre et d'autres substances, en séjournant trop longtemps dans ces vases, attaquent le cuivre, et il se forme une couche de vert-de-gris, qui peut causer des accidents trop souvent mortels.

Ces vases, tels que les chaudrons, peuvent servir à la préparation des sirops ou des confitures, si l'on a soin de transvaser ces produits aussitôt après qu'ils sont obtenus.

On doit, au contraire, les proscrire pour la cuisson des mets journaliers, et n'employer pour ceux-ci que des vases en cuivre étamé ; encore même faut-il qu'ils le soient avec de l'étain fin ; la présence d'une quantité notable de plomb ou de zinc dans l'étamage ne peut que produire de graves accidents.

Les vases en étain fin, en fonte émaillée, en fer, en terre fine ou en grès ne présentent pas de danger et ne demandent que les soins ordinaires ; les poteries communes exigent plus de précautions.

L'*office*, dans les grandes maisons, est un intermédiaire obligé entre la cuisine et la salle à manger. C'est là qu'on prépare divers objets nécessaires au service, tels que les hors-d'œuvre, les entremets, les desserts, etc., et que l'on garde la vaisselle et le linge de table.

Dans les ménages bourgeois, l'office peut recevoir une destination plus étendue, et souvent même il offre la réunion de tous les accessoires de la cuisine. Il peut servir notamment à conserver les aliments crus ou cuits ; en un mot, il constitue un garde-manger.

On désigne quelquefois sous le nom de *dépense* la pièce dans laquelle on conserve les provisions de bouche, et, dans les fermes, l'endroit où l'on serre les comestibles destinés à l'usage des fermiers et des ouvriers.

Le *garde-manger*, dans les petits ménages, consiste ordinairement en une caisse en bois ou en métal, de dimensions variables ; les parois sont souvent à claire-voie, mais alors garnies d'un treillis métallique assez serré ou d'une grosse toile à tissu lâche. L'intérieur est muni de planches et de clous à crochet.

Quelquefois le garde-manger est suspendu et maintenu en l'air par une corde passant dans une poulie, de telle sorte qu'on puisse le monter ou le descendre à volonté, mais en le tenant hors de toute atteinte.

Le garde-manger doit être placé dans un endroit très aéré, complètement à l'abri du soleil et, autant que possible, à l'exposition du nord. On doit éviter de le mettre dans une cave, surtout si elle est mal ventilée ; les viandes fraîches et les légumes s'y altéreraient plus promptement. On peut tout au plus y conserver des viandes salées.

La cave doit être généralement réservée à la garde des vins et aux diverses opérations qu'elle comporte.

Pour que les vins soient dans les meilleures conditions possibles, il importe de les soustraire aux brusques variations de la température, à la lumière trop vive, à la sécheresse, aux secousses, aux émanations malsaines, en un mot à toutes les causes de détérioration.

L'humidité est plutôt favorable que nuisible aux vins et autres liquides spiritueux ; le bois des barriques, étant ainsi constamment gonflé, s'oppose à la déperdition de leur contenu. Toutefois, si elle était excessive, elle ferait pourrir le bois et rouiller le fer des cercles.

Les bonnes caves sont toujours établies dans le sous-sol ; si le terrain est trop humide ou malsain, on renouvellera la surface par une couche de sable bien sec, on bâtira des murs plus épais et bien cimentés, enfin on ouvrira des soupiraux pour donner de l'air et du jour.

La cave ne doit pas être trop rapprochée d'une grande voie publique, le roulement des voitures imprimant des secousses qui mêlent constamment la lie au vin.

Les Talemeliers

Depuis que Philippe-Auguste avait compris dans l'enceinte les bourgs voisins de Paris, les talemeliers ou boulangers, qui achetaient du grand panetier du roi le droit d'exercer leur métier, cuisaient le pain dans des fours, qui n'étaient plus, comme autrefois, des fours banaux ou seigneuriaux. Les talemeliers, après quatre ans d'apprentissage, pouvaient obtenir la maîtrise, en payant une somme d'argent au grand panetier ou à son délégué, qui avait le titre de maître des talemeliers.

Il n'y avait que cette profession qui eût un cérémonial particulier pour la maîtrise. Le récipiendaire portait dans la maison du maître des talemeliers un pot rempli de noix et de nieules (espèce de dragées ou de pâtisseries), et jetait le pot contre le mur, après quoi les maîtres et les valets ou compagnons du métier entraient et recevaient à boire de la part du chef du métier.

Il était interdit aux talemeliers de Paris de cuire les dimanches et les jours de fête, en sorte que pendant plus de soixante jours par an les fours chômaient, et la population était privée de pain frais.

G. DEPPING.

VII. — L'Infirmerie

La santé est un bien si précieux qu'on ne saurait prendre trop de soins pour la conserver. On doit donc s'efforcer de réaliser toutes les conditions nécessaires pour cela : une habitation salubre, un régime réparateur et fortifiant, un exercice modéré, des habitudes régulières aideront puissamment à atteindre le but.

Il faut se rappeler aussi que le moral influe beaucoup sur le physique ; qui ne sait combien des occupations attrayantes, des relations bien choisies, une vie paisible, un caractère gai, et par-dessus tout la satisfaction du devoir accompli contribuent au bien-être de l'esprit et du corps ?

Malheureusement, notre pauvre et infirme nature ne perd jamais ses droits. Malgré tous les moyens d'hygiène morale ou matérielle que nous pouvons employer, nous ne sommes que trop sujets à des malaises, à des accidents auxquels nous devons savoir parer.

La bonne ménagère est donc tenue de posséder au moins quelques notions de thérapeutique (1) usuelle ; pour les appliquer, il est bon qu'elle ait chez elle une petite pharmacie avec ses accessoires.

Des soins simples et faciles, donnés à propos, peuvent empêcher une légère indisposition de dégénérer en grave maladie ; dans tous les cas, ils permettent d'attendre plus patiemment l'arrivée du médecin, qui souvent, et surtout à la campagne, peut tarder assez longtemps à venir.

On fait un fréquent usage, dans la médecine domestique, des plantes indigènes ou croissant dans notre pays ; quelques-unes sont cultivées dans les jardins. Elles s'em-

---

1 *Thérapeutique,* manière de traiter les maladies.

ploient tantôt fraîches, tantôt sèches. Dans les villes, on se les procure sans peine et promptement chez les pharmaciens ou les herboristes. Il est néanmoins avantageux d'avoir chez soi ses petites provisions, que l'on renouvelle au moins une fois tous les ans. Ce qui est à la ville d'une incontestable utilité devient d'une nécessité absolue à la campagne.

Dans toute maison bien tenue, il y a toujours du *café*, du *thé*, du *sucre*, du *rhum*, du *camphre*, de la *gomme arabique* et d'autres substances, qui, outre leur emploi économique, jouent souvent le rôle de médicaments. On y joindra de l'*éther*, de l'*eau de fleur d'oranger*, de la *magnésie*, de l'*orge mondé*, de l'*eau de mélisse*, de l'*émétique*, etc.

Ajoutons-y quelques médicaments qui s'appliquent à l'extérieur ; tels sont : l'*alcali volatil*, l'*eau sédative*, la *graine* et la *farine de lin* et *de moutarde*, le *cérat*, le *baume du commandeur*, les *papiers chimiques*, le *sparadrap*, le *taffetas d'Angleterre*, la *teinture d'arnica*, etc.

Toutes ces substances seront, suivant leur nature, renfermées dans des tiroirs, des pots ou des flacons soigneument étiquetés ; ceux qui sont destinés à l'usage externe seront en outre munis d'une petite étiquette rouge indiquant cet emploi spécial, comme cela a lieu dans les pharmacies.

Il est bon que le tout soit bien rangé dans une armoire, de telle sorte qu'on puisse trouver tout de suite, au moment voulu, ce dont on a besoin. Pour prévenir les erreurs ou les abus qui pourraient se commettre, l'armoire sera fermée à clef. Le maître ou la maîtresse de la maison garderont cette clef, et, s'ils sont forcés de s'absenter, ne la remettront qu'à une personne sérieuse et digne de toute confiance.

Il faut avoir, en outre, du linge de pansement, de la charpie, une veilleuse, une lampe à esprit-de-vin pour préparer promptement les tisanes et les boissons chaudes.

Ce n'est guère que dans les établissements publics ou les très grandes maisons que l'on trouve un local exclusivement destiné aux malades et aux convalescents. Le plus souvent, c'est la chambre à coucher qui sert d'infirmerie. Dès lors, cette chambre réclame, plus qu'en tout autre temps, les soins d'hygiène et de propreté. Il faut y maintenir une température douce et égale ; mais il ne faudrait pas la chauffer à l'excès. Ce serait encore une erreur de croire qu'elle doit être hermétiquement fermée et calfeutrée. On doit, au contraire, y renouveler l'air toutes les fois que le besoin s'en fait sentir ; il est à peu près inutile d'ajouter qu'en ouvrant les fenêtres pour l'aération, on prendra toutes les précautions nécessaires pour que le malade ne souffre pas du contact subit d'un air trop vif.

La femme qui voudra se dévouer aux nobles et dignes fonctions de garde-malade trouvera aisément, dans ses notions acquises, mais surtout dans son cœur, mille petits moyens de soulager les maux qui affligent notre pauvre humanité. Et ce n'est pas seulement dans sa famille, mais aussi chez ses voisins, qu'elle exercera son action bienfaisante.

La Visite des malades

En rentrant de nos promenades à la campagne, notre mère nous faisait presque toujours passer devant les pauvres maisons des malades ou des indigents du village. Elle s'approchait de leurs lits; elle leur donnait quelques conseils et quelques remèdes. Elle faisait de la médecine une étude assidue pour l'appliquer aux indigents ; elle avait des vrais médecins le génie instinctif, le coup d'œil prompt, la main heureuse. Nous l'aidions dans ses visites quotidiennes. L'un de nous portait la charpie et l'huile aromatique pour les blessés ; l'autre, les bandes de linge pour les compresses.

Nous apprenions ainsi à n'avoir aucune de ces répugnances qui rendent plus tard l'homme faible devant la maladie, inutile à ceux qui souffrent, timide devant la mort. Elle ne nous écartait pas des plus affreux spectacles de la misère, de la douleur et même de l'agonie. Je l'ai vue souvent debout, assise ou à genoux au chevet des grabats, essuyer de ses mains la sueur froide des pauvres mourants, les retourner sous leurs couvertures, leur réciter les prières du dernier moment, et attendre patiemment des heures entières que leur âme eût passé à Dieu, au son de sa douce voix….

Ces douces habitudes d'intimité avec tous les malheureux et d'entrées familières dans toutes les demeures des habitants du pays, avaient fait pour nous une véritable famille de tout ce peuple des champs. Depuis le vieillard jusqu'aux petits enfants, nous connaissions tout ce petit monde par son nom. Le matin, les marches de pierre de la porte d'entrée de notre demeure et le corridor étaient toujours assiégés de malades ou de parents des malades qui venaient chercher des consultations auprès de notre mère. Après nous, c'était à cela qu'elle consacrait ses matinées.

Elle était toujours occupée à faire quelques préparations médicinales pour les pauvres, à piler des herbes, à faire des tisanes, à peser des drogues dans de petites balances, souvent même à panser les blessures ou les plaies les plus dégoûtantes. Elle nous employait, nous l'aidions suivant nos forces à tout cela. D'autres cherchent l'or dans ces alambics : notre mère n'y cherchait que le soulagement des infirmités des misérables, et plaçait ainsi bien plus haut et bien plus sûrement dans le ciel l'unique trésor qu'elle ait jamais désiré ici-bas, les bénédictions des pauvres et la volonté de Dieu.

A. DE LAMARTINE.

VIII. — Les Dépendances.

L'habitation du cultivateur est un des éléments essentiels de toute exploitation agricole ; nous avons déjà examiné les conditions auxquelles elle doit satisfaire, les qualités et les avantages qu'elle doit toujours présenter.

Mais cet élément comporte des *dépendances* plus ou moins nombreuses, plus ou moins étendues, suivant la nature et l'importance de l'exploitation. On doit, en effet, trouver dans celle-ci des bâtiments convenables pour abriter les animaux domestiques, les produits et le matériel de la culture.

L'ensemble de ces bâtiments peut offrir beaucoup de dispositions diverses, mais qu'on peut aisément ramener à deux types principaux : tantôt ils sont réunis et contigus, tantôt ils sont isolés ou répartis par groupes.

La première de ces dispositions a de notables avantages, au point de vue de l'économie ; les murs mitoyens, que l'on peut souvent même remplacer par de simples cloisons, ont pour résultat de réduire les frais de construction. La surveillance y est d'ailleurs beaucoup plus facile ; aussi ce mode de distribution des bâtiments agricoles convient-il surtout à la petite propriété.

D'un autre côté, les bâtiments isolés ont des avantages inappréciables au point de vue de la salubrité. De plus, il est bien plus facile de les agrandir, en raison même de l'accroissement que peuvent prendre certaines branches de l'exploitation, et cela sans toucher aux bâtiments voisins. Enfin, il ne faut pas oublier que les incendies sont malheureusement trop fréquents à la campagne, et que les secours n'arrivent pas toujours à temps. Il sera donc plus aisé, quand les corps de bâtiments sont séparés par un certain intervalle, de circonscrire l'action du fléau et d'empêcher qu'elle s'étende à toute la ferme.

Dans tous les cas, les bâtiments, considérés en général, doivent réaliser les conditions déjà étudiées de salubrité et de commodité ; il faut qu'ils aient des dimensions convenables, qu'ils soient bien exposés, éclairés et aérés.

Les logements destinés aux animaux gagnent à leur tour à être subdivisés en plusieurs compartiments, dont chacun ne contient qu'un petit nombre de sujets. En général, ils doivent autant que possible être exposés au midi, sauf les exceptions que nous allons voir tout à l'heure.

L'*écurie* sert à loger les chevaux, juments, poulains, ânes, mulets, etc. Tantôt on y élève ces animaux pendant leur jeune âge, tantôt on les y renferme dans l'intervalle des travaux. L'écurie doit être pavée assez solidement pour résister aux chocs produits par le piétinement, et offrir une pente suffisante pour l'écoulement des liquides. Un grenier bien aéré règne sur toute son étendue.

L'*étable*, appelée aussi *vacherie*, *bouverie*, etc., est le logement des bœufs, des vaches et des veaux. Elle sert à l'élevage, à l'entretien ou à l'engraissement. Il est bon qu'elle soit placée sur un sol sec et élevé ; la meilleure exposition est celle du levant ; ensuite, celle du midi. La partie réservée aux veaux doit être sèche et chaude, bien ventilée, avec un sol planchéié en bois.

La *bergerie* renferme les moutons, brebis et agneaux, auxquels on peut ajouter les chèvres. Les bêtes à laine sont tantôt réunies en commun, tantôt réparties par groupes, suivant qu'elles sont élevées, entretenues ou engraissées. La bergerie doit avoir deux expositions, l'une au nord ou à l'est, l'autre au midi ou à l'ouest, afin que les bêtes puissent avoir du soleil en hiver et de l'ombre en été.

La *porcherie* est ordinairement divisée en loges, dans lesquelles les animaux sont renfermés un à un ; quelquefois cependant ces loges entourent une cour centrale, où on les laisse ensemble de temps à autre. Le local où l'animal se repose doit être bien aéré et exempt d'humidité; mais on y ménage une petite mare où il puisse se rafraîchir.

Le *chenil* n'est pas difficile à établir, car le chien est peu exigeant ; il suffit que le logement soit bien sec et abrité contre les vents du nord, et qu'il y ait une petite auge, toujours remplie d'eau propre. Il est bon d'y adjoindre une cour assez grande pour que les chiens puissent de temps en temps y prendre leurs ébats.

Les *lapinières* sont de plusieurs sortes ; elles consistent, tantôt en loges ou cabanes pour quelques individus, tantôt en clapiers pour un nombre plus élevé, tantôt enfin en garennes plus ou moins étendues.

La *basse-cour*, le *colombier*, le *rucher*, la *magnanerie* complètent l'ensemble des bâtiments destinés à l'élevage et à l'engraissement des animaux domestiques.

D'autres constructions, désignées sous le nom de *resserres*, ont pour objet d'abriter les instruments agricoles qu'on ne voudrait pas laisser exposer aux injures de l'air pendant le temps, plus ou moins long, où ils ne fonctionnent pas dans les champs. Elles offrent encore cet avantage qu'on peut y ranger les plus menus outils, de telle sorte qu'ils ne s'égarent pas et qu'on puisse les retrouver à volonté.

Pour les machines ou les appareils de grande dimension, on emploie le plus souvent des *remises* ou des *hangars*.

Les *granges* servent non seulement à déposer les grains en gerbes, mais encore à battre ces gerbes et à nettoyer les grains ; ce genre de bâtiment doit être bien sec, et le sol ou aire très compacte, bien battu et exempt de fissures.

Nous mentionnerons encore les ateliers couverts, propres à certaines opérations qui se feraient mal en plein air ; les *fenils* ou magasins à fourrages ; les *gerbiers* ou *paillers,* sorte de granges à parois ouvertes ; enfin les magasins à graines, et les *celliers* pour les liquides.

La Ferme

On entend par ce mot l'ensemble des bâtiments, des terres et des animaux domestiques qui composent une exploitation rurale, grande ou petite. Le mot *ferme,* dont on se sert dans nos départements de l'Est, du Nord et de l'Ouest, est synonyme de *métairie,* en usage dans nos départements du Centre et du Midi. Le premier paraît tirer son origine de l'habitude où l'on est d'affermer ses propriétés en quotité fixe de grain ou d'argent ; le second, de donner ses terres à moitié fruits.

Quel que soit le mot adopté, pourvu que la maison rurale soit bien tenue, qu'elle fournisse à son propriétaire et à celui qui l'exploite un revenu suffisant, qu'elle procure aux personnes qui y sont employées, aux bestiaux qu'elle renferme une existence heureuse, des logements convenables et le juste salaire des forces qu'ils dépensent à son profit, voilà le but essentiel, voilà le but unique que l'on doit y voir, que l'on veut y sentir à chaque pas.

Une ferme moyenne ou petite peut présenter le tableau le plus riant; il faut, pour cela, qu'on y trouve tout ce qui convient à une exploitation facile....

Sur quelques points de nos contrées de l'Est, dans tout le département du Nord et dans un grand nombre de localités de nos départements de l'Ouest, les fermes sont isolées, bâties près d'une route et au centre du domaine.

Les bâtiments sont simples et solides, forment un carré, dont la cour, plus ou moins spacieuse, occupe le centre; ils ne s'élèvent guère au-dessus de l'étage supérieur qui règne sur le rez-de-chaussée; hommes, animaux, outils, récoltes de toutes sortes y trouvent un abri salutaire, commode; tout est logé convenablement; rien ne souffre, rien ne dépérit.

Une haie épaisse, bien tenue, appuyée sur un fossé large, plein d'eau, qu'on ne laisse point stagnante, entoure la ferme et les terres qui en dépendent, en rend la garde facile, et assure la conservation des bestiaux.

Aussi là, tout annonce l'ordre, l'aisance, l'amour du travail, le bonheur domestique; voilà comme je voudrais que fussent toutes les fermes répandues sur le sol de ma patrie; voilà comme elles seront toutes du moment que chaque propriétaire comprendra son véritable intérêt.

A. Thiébaut de Berneaud.

IX. — Les Annexes

L'agriculture a des rapports intimes avec l'industrie, qui en tire une grande partie de ses matières premières. Les établissements industriels qu'on trouve souvent annexés à une exploitation agricole augmentent les revenus, utilisent les denrées produites et donnent à la vie rurale un surcroît d'animation et d'agrément.

On peut même dire qu'il est des industries essentiellement agricoles. Le cultivateur, en effet, a un intérêt majeur à mettre ses produits sous la forme qui lui permet le mieux d'attendre le moment opportun de les livrer au commerce ou à la consommation. Ainsi le producteur de blé peut conserver ses grains pendant un certain temps.

Il en est tout autrement du propriétaire de vignes, qui, ne pouvant opérer en grand la vente ou la conservation des raisins qu'il récolte, est forcé d'en extraire le vin, pour le garder en magasin. La *fabrication du vin* est donc moins une industrie annexe qu'une partie intégrante de la ferme et un complément naturel de la culture de la vigne.

L'industrie agricole par excellence, c'est la *meunerie*. Le moulin accompagne parfaitement la ferme, et, même comme simple fabrique, il fait le plus souvent très bien dans le paysage, qu'il contribue à égayer.

On distingue plusieurs sortes de moulins, suivant la nature de la force motrice, ou celle des produits sur lesquels ils opèrent. Ainsi, les meules, qui en forment la partie essentielle, sont mises en mouvement soit par les bras de l'homme, soit par les efforts des animaux, soit encore par le vent, l'eau ou la vapeur.

Dans tous les cas, un moulin est une usine qui permet de tirer un meilleur parti, et, par suite, un plus haut prix de vente des denrées agricoles, et qui ne peut qu'augmenter la valeur d'un domaine.

L'usage le plus ordinaire des moulins, et surtout des moulins à vent, est de servir à moudre le blé ou les autres céréales, à les réduire en farine. Mais ces utiles appareils sont encore employés à broyer les graines et fruits oléagineux, ainsi que leurs tourteaux, à diviser les écorces, à scier le bois, à retirer l'eau des sols inondés, et à bien d'autres usages.

La *boulangerie* est une industrie qui se rattache étroitement à la précédente ; mais c'est surtout dans les grands centres de population qu'elle acquiert les plus larges développements. Il n'en est pas de même des *féculeries* et de la préparation des pâtes alimentaires. Ici il faut des dispositions spéciales, qu'on peut très bien installer au voisinage de la ferme

Nous venons de parler de la fabrication du vin, à laquelle on pourrait adjoindre celle du cidre et en général des boissons fermentées. Ces opérations servent de base à d'autres industries importantes, telles que la *distillerie,* la préparation des liqueurs acooliques et des vinaigres.

L'*huilerie* tire parti des substances oléagineuses, qui sont : dans le midi, l'*olive,* et dans le nord, le *colza,* la *cameline,* l'*œillette* ou *pavot,* les *faînes,* etc.

La *brasserie* occupe une place considérable dans l'économie rurale des pays du nord, où la bière est la boisson la plus répandue ; elle varie pour ainsi dire à l'infini dans ses procédés, suivant les localités.

La conservation des aliments, avec ses procédés multiples, a donné naissance à de nombreuses industries secondaires et souvent très lucratives. On conserve ainsi les viandes, le poisson, les légumes, les fruits, qui, sous cette nouvelle forme, sont l'objet d'un grand commerce.

On peut en dire autant de celles qui s'exercent sur les dépouilles des animaux. Telle est, entre autres, la *tannerie,* qui a pour but de transformer les peaux des animaux domestiques en cuirs ou en maroquins, par le contact plus ou moins prolongé des manières tannantes.

Les industries assez variées des tissus opèrent sur les fibres végétales extraites des plantes textiles, sur la laine des moutons ou le poil des chèvres, ainsi que sur les fils délicats produits par les vers à soie. Elles se complètent par les arts relatifs au blanchiment des tissus.

La *papeterie* utilise, pour la confection des papiers et cartons, soit les matières fibreuses extraites directement des végétaux, soit les chiffons ou les déchets résultant de l'usure des étoffes de fil ou de coton.

Presque toutes ces industries, notamment celles qui ont pour base les procédés chimiques, laissent des résidus qu'on ne doit pas laisser perdre ; traités convenablement, ils servent à fabriquer des engrais énergiques et peu coûteux. C'est une industrie qui exige peu de frais et s'adapte très bien à toutes les spéculations agricoles.

Les Moulins

Les premiers hommes qui ont cherché à moudre le blé dont ils devaient faire leur pain se sont servis probablement d'un pilon et d'un mortier, ou de deux pierres entre lesquelles ils écrasaient le grain. L'emploi du rouleau se mouvant sur une pierre creusée en table a été un perfectionnement de ce procédé, qui a conduit naturellement à l'invention des moulins à bras. Le moulin était alors un des principaux ustensiles du ménage, et chaque famille possédait le sien. Homère en parle dans son *Odyssée*, et la Bible nous représente Samson tournant la meule chez les Philistins.

Ce fut seulement après leurs conquêtes en Asie que les Romains commencèrent à se servir de moulins. Il paraît que ces appareils, à Rome du moins, étaient annexés aux boulangeries, dont le nombre, dans la ville, s'élevait à trois cents ; elles étaient des lieux de réunion, et on les appela les *boulangeries babillardes*.

Les Romains firent aussi tourner leurs meules par des condamnés ou par des esclaves ; Plaute nous en fournit un exemple célèbre. Mais, plus tard, ils employèrent les animaux à cet usage.

On ne sait positivement ni à quelle époque, ni en quel lieu furent inventés les moulins *à eau*. Décrits avec quelques détails dans Vitruve, ils sont mentionnés par Pline (venu soixante ans après), mais seulement comme une machine dont l'emploi est peu répandu. Ce n'est guère que sous l'empire d'Honorius qu'ils furent établis, à Rome, d'une manière régulière. Bélisaire fit construire sur le Tibre les premiers moulins *à nef* (1).

C'est de l'Italie que les moulins passèrent chez les Francs. L'histoire nous apprend que Septiminie, nourrice du prince fils de Childebert, fut reléguée, en punition de ses fautes, dans un village, auprès de la meule du moulin qui faisait la farine destinée au pain des dames de la maison royale.

L'invention des moulins *à vent* appartient aux Orientaux ; ils ont été rapportés en France au retour des Croisades. Celle des moulins *à vapeur* est toute moderne. Tous ces moulins ont subi, du reste, des perfectionnements successifs, qui les ont amenés à leur état actuel.

A. Dupuis.

1 *Moulins à nef*, c'est-à-dire installés dans des bateaux plats, sur un cours d'eau.

CHAPITRE II

LE DOMAINE

X. — Le Sol

On désigne, en agriculture, sous le nom de *sol*, la couche la plus superficielle du globe que nous habitons, celle qui nourrit les plantes que nous cultivons et dans laquelle s'exerce l'action des travaux de culture. On emploie souvent, comme synonymes, les mots *couche arable, fonds, terre, terrain, terroir,* etc.

Les plantes, en enfonçant leurs racines à une profondeur variable, résistent, par cela même, plus ou moins à l'action des vents ou des autres causes qui tendraient à les arracher. De plus, elles puisent dans ce milieu, et, grâce à ces mêmes racines, une partie des aliments qui servent à leur croissance et à leur développement.

Nous disons une partie, car ce n'est pas la terre seule qui nourrit les plantes. L'air concourt aussi à cette nutrition. Les feuilles sont les organes qui, semblables à l'estomac des animaux, modifient ou transforment les éléments de l'air absorbés par les végétaux.

Le sol varie beaucoup, d'un endroit à l'autre, dans ses propriétés diverses, et surtout dans sa composition chimique. Il importe donc d'étudier les éléments dont il se compose. Ces éléments sont de deux sortes, les uns *minéraux*, les autres *organiques*.

Les éléments minéraux forment la masse naturelle et primitive du sol ; ils proviennent de la division des roches qui composent la croûte ou l'écorce du globe, telles que les calcaires, les granits, les grès, les schistes, etc. On en distingue trois principaux : le calcaire, l'argile et la silice.

Le *calcaire* est un composé de chaux et d'acide carbonique ; il présente d'assez nombreuses variétés, entre autres la craie, le tuf, les marbres, l'albâtre, quelques pierres à bâtir, etc. Il est aisé à reconnaître en ce que, si l'on verse dessus un acide, tel que du vinaigre fort, il produit une effervescence, une sorte d'ébullition ; si on le calcine par une forte chaleur, on obtient de la chaux pour produit.

Les sols *calcaires* sont ceux qui renferment de la chaux en proportion notable ; leur couleur est en général claire ou blanchâtre ; ils sont peu tenaces, secs, arides, boueux par l'humidité et friables par la sécheresse. Dans tous les cas, ils sont assez difficiles à travailler.

On appelle terrains *crayeux, tufeux,* ou *gypseux* ceux dans lesquels la chaux se montre sous forme de craie, de tuf ou de gypse (pierre à plâtre) ; ils sont peu ou point productifs, et ne peuvent guère être rendus fertiles qu'à l'aide de grands frais de culture.

L'*argile*, appelée quelquefois *alumine*, et le plus souvent *terre glaise*, ou simplement *glaise*, est une terre grasse, compacte, douce au toucher et qui *happe* ou adhère à la langue. Elle se ramollit dans l'eau et en absorbe beaucoup ; en se desséchant, elle diminue de volume, prend du retrait et se fendille.

Les terrains *argileux* sont ceux dans lesquels l'argile domine ; ils sont tenaces et difficiles à labourer, s'attachent fortement aux pieds et aux instruments aratoires quand ils sont détrempés par la pluie, se prennent en croûte en se desséchant et sont difficilement pénétrés par les racines. On les appelle encore *terres fortes, froides* ou *humides*.

La *silice* est une matière très dure, et qui varie beaucoup d'aspect ; elle constitue le cristal de roche, les grès, les meulières, la pierre à fusil, etc. En agriculture, elle se présente le plus souvent à l'état de *sable*, terre fine, légère, sèche, sans consistance, et rude au toucher.

Les sols *siliceux* sont ceux dans lesquels la silice forme l'élément prépondérant ; ils sont généralement sablonneux, dépourvus de consistance et de ténacité, et se laissent aisément pénétrer par les instruments aratoires. Ils absorbent et perdent l'eau avec la même facilité, et les racines des plantes y pénètrent plus profondément. On leur donne aussi le nom de *terres légères*.

Il est bien rare que les sols soient formés uniquement par l'une des trois matières dont nous venons de parler ; le plus souvent ces matières s'y trouvent réunies et mélangées en proportions diverses. On désigne alors les sols par des adjectifs composés, parmi lesquels on place en première ligne le mot qui rappelle l'élément dominant. Il y a donc des sols *argilo-calcaires, calcaréo-siliceux, silico-argileux,* etc.

Le sol renferme encore d'autres éléments minéraux, tels que le soufre, le phosphore, le fer, la potasse, la soude, etc. Mais ils s'y trouvent en proportions minimes, ce qui n'empêche pas qu'ils n'influent beaucoup sur la végétation.

L'*humus*, appelé aussi *terreau*, résulte de la décomposition des matières végétales ou animales, et constitue ainsi la partie ou l'élément organique du sol.

Les terrains *humifères* sont ceux qui renferment une grande proportion d'humus.; ils sont généralement les plus fertiles, mais à la condition d'être bien entretenus, car l'humus se décompose et s'épuise peu à peu.

On appelle *terre franche* une terre qui se compose, par parties égales ou à peu près, d'argile, de calcaire et de sable, avec une forte proportion d'humus ; c'est celle qui convient aux blés, à la culture maraîchère, etc.

La composition chimique des sols ne suffit pas à l'agriculteur ; il faut encore qu'il tienne compte de leurs propriétés physiques ou mécaniques. Ainsi, un sol est plus ou moins profond, plus ou moins perméable à l'eau ; il est meuble ou compacte, sec ou humide, etc.

La fertilité d'un sol dépend de sa richesse ou de la quantité de matières nutritives qu'il renferme, et de sa puissance ou du degré d'activité avec laquelle il facilite l'absorption de ces matières par les plantes.

L'action du sol peut être plus ou moins modifiée, en bien ou en mal, par la nature du *sous-sol :* on appelle ainsi la couche de terrain qui se trouve immédiatement au-dessous de la couche arable.

Les Terres

Les terres qui exhâlent de légères vapeurs, qui reçoivent et rendent aisément l'humidité, sont très propres pour les vignes. Les anciens bois essartés, qui n'ont rien produit pendant plusieurs années, sont des fonds généralement fertiles, ainsi que ceux qui paraissent toujours remplis d'herbes : les terres humides en poussent de fort grandes ; et l'on peut dire qu'elles en produisent trop. On est assuré qu'une terre est grasse, lorsqu'en la maniant, elle ne se réduit point en poussière, et qu'elle s'attache aux mains comme de la poix.

Voici de quelle manière vous pourrez connaître ce qui est propre à chaque terroir : examinez d'abord si la terre est meuble, ou bien si elle est extrêmement serrée ou compacte; l'une est favorable à Cérès, et l'autre à Bacchus. Lorsque la terre est plus que suffisante pour remplir le fossé dont on l'a tirée, c'est une marque qu'elle est serrée : attendez-vous à y voir des mottes dures et épaisses, et à n'y tracer des sillons qu'à force de bœufs. La terre qui rouille la charrue, lorsqu'on la laboure, est mauvaise; celle que les torrents rassemblent dans les vallons est très fertile.

Virgile.

XI. — Arrosements

Les plantes ont besoin, pour croître et même pour vivre, d'une quantité d'eau qui varie pour chaque espèce.

L'humidité qui existe dans l'air ou dans le sol, la rosée, les pluies, les débordements périodiques de certains fleuves, satisfont parfois, en tout ou en partie, à ce besoin.

Mais le plus souvent l'homme ne peut se contenter de ces moyens naturels ; il se voit forcé d'amener artificiellement sur les plantes qu'il cultive l'eau nécessaire pour qu'elles donnent de bons produits. Cette nécessité se fait sentir particulièrement sous les climats chauds et dans les terrains secs. L'arrosage artificiel, très utile pour toutes les cultures, devient indispensable aux espèces que l'on cultive pour leurs tiges ou leurs feuilles ; telles sont les plantes fourragères qui forment les prairies, et la plupart des plantes potagères, notamment les choux, les salades, les épinards, etc.

— 53 —

Dans les petites cultures, par exemple, dans les jardins d'agrément, et surtout dans les serres, où les plantes sont tenues en pots, on se sert simplement d'arrosoirs, et l'opération s'appelle *arrosage* ou *mouillage*.

Elle prend le nom d'*arrosement* quand on l'opère sur une plus grande étendue, comme dans les jardins maraîchers. Ici, l'eau, fournie ordinairement par un puits à roue, est distribuée aux plantes par un système de rigoles qu'on peut ouvrir et fermer à volonté.

On donne plus spécialement le nom d'*irrigation* aux arrosages destinés à entretenir l'humidité sur de grandes surfaces, telles que les prairies. Dans ce cas, on tire l'eau d'un fleuve, d'une rivière ou d'un ruisseau, ou bien de sources, si elles sont assez abondantes.

Quand ces moyens naturels font défaut, on a recours à des réservoirs établis souvent à grands frais ; on cite de ces réservoirs qui sont de véritables monuments. C'est là qu'on recueille, qu'on emmagasine, en quelque sorte, les eaux pluviales, pour s'en servir au besoin.

L'exécution d'un grand système d'irrigations est un travail considérable, qui exige souvent l'intervention d'un habile ingénieur. Il faut créer des réservoirs, des barrages, des prises d'eau, creuser des canaux ou des rigoles d'un débit convenable, établir des vannes ou des écluses, enfin aplanir ou régulariser la surface du sol.

La première chose dont il faut se préoccuper, dans les travaux d'irrigation, c'est la qualité des eaux. Elle varie beaucoup, suivant la nature des terrains d'où les eaux sortent et de ceux qu'elles traversent.

En général, les meilleures eaux sont celles des rivières et des sources ; leur qualité augmente si elles ont séjourné longtemps à l'air et traversé des régions habitées ou tout au moins cultivées. Elles se sont, en effet, chargées dans leur trajet, de substances favorables à la végétation.

Les eaux qui renferment, en petite quantité, du fer, du soufre, du plâtre, du sel marin, sont très bonnes pour l'irrigation. Mais il n'en est plus de même si ces matières s'y trouvent en proportion très forte, auquel cas elles produisent généralement de fâcheux effets.

La présence de substances organiques, c'est-à-dire provenant de la décomposition des matières végétales ou animales, est encore une excellente condition.

On peut connaître la nature des eaux, soit par l'analyse chimique, soit en examinant la végétation des plantes qui croissent sur leur passage.

L'arrosement, en prenant ce mot dans son acception la plus large, comporte des procédés assez variés, mais que l'on peut ramener à trois principaux.

L'arrosement *par irrigation* consiste en ce que l'eau répandue à la surface du sol y court en se renouvelant constamment, et sans jamais y séjourner d'une manière permanente ; c'est le procédé qu'on emploie le plus souvent pour les prés ou les prairies naturelles.

L'arrosement *par submersion* consiste au contraire à couvrir le terrain d'une couche d'eau assez épaisse, qui y séjourne pendant un temps plus ou moins long. On a remarqué que ce mode favorise la végétation des bonnes plantes, tandis qu'il fait périr les mauvaises herbes.

L'arrosement *par infiltration* a lieu quand l'eau ne dépasse pas le bord des rigoles, de telle sorte qu'elle arrive aux racines des plantes, non pas directement, mais bien en s'infiltrant à travers le sol.

On peut pratiquer des arrosements en toute saison, suivant le système de culture. L'été est l'époque généralement préférée ; toutefois les irrigations d'hiver produisent le plus souvent de très heureux effets.

Les Irrigations

La pratique des irrigations remonte à la plus haute antiquité. Les historiens citent avec complaisance les canaux, les réservoirs, les aqueducs que les anciens souverains de l'Égypte, de la Grèce et de l'Inde avaient fait construire à grands frais dans leurs états respectifs, tant pour procurer de l'eau aux cités les plus populeuses que pour l'arrosement des terres.

Les Romains, encore témoins de la fertilité et de la prospérité que la merveilleuse distribution des eaux répandait en Égypte et en Grèce, surent apprécier ces travaux bienfaisants ; ils en étudièrent le mécanisme ; et l'introduction de la pratique des irrigations en Italie y fut regardée, avec le temps, comme l'un des plus utiles trophées de leurs victoires.

Leur histoire est remplie de descriptions des canaux et des aqueducs que ce peuple conquérant a édifiés sur son territoire, en Espagne et dans les Gaules.

Le plus grand nombre de ces immenses travaux a été détruit pendant les siècles de barbarie qui ont suivi la chute de l'empire romain ; mais la tradition des grands avantages des irrigations s'était conservée en Italie ; ils étaient consignés dans les ouvrages des agronomes et des poètes.

Aussi, à la renaissance des lettres, on vit bientôt l'agriculture italienne s'emparer des sources abondantes des fleuves qui traversent son territoire, pour en distribuer les eaux sur les terres pendant la saison brûlante de ce climat, et parvenir insensiblement à un système général d'irrigation dont la perfection a été justement célébrée par tous les voyageurs agronomes.

L'Italie passe effectivement pour être le berceau de la science hydraulique moderne, et ses règlements sur la jouissance et la distribution des eaux entre les riverains méritent d'être pris pour modèles par tous les gouvernements.

La France, sous François Ier, s'est empressée d'imiter un exemple aussi utile à l'agriculture, et la pratique des irrigations s'y est introduite, d'abord dans ses parties méridionales, ensuite dans ses pays de montagnes, et enfin dans un assez grand nombre d'autres provinces.

La Suisse, l'Allemagne, la Hollande et l'Angleterre n'ont pas non plus négligé un moyen aussi puissant d'augmenter la fertilité des terres. Ces différents états en ont adopté l'usage; ils ont introduit sa pratique dans leurs colonies, et aujourd'hui toutes les parties du monde offrent des travaux d'irrigation.

L. DE PERTHUIS.

XII. — Desséchemènts

Si l'eau, en proportion raisonnable, est utile, nécessaire même à la végétation, l'excès de ce liquide devient un véritable fléau pour l'agriculture.

Les terrains humides, marécageux, et surtout les sols inondés, ne fût-ce même qu'une partie de l'année, sont plus ou moins difficiles à parcourir et à travailler; les plantes végètent péniblement, mûrissent mal, et finissent le plus souvent par dépérir.

Les fonds humides sont généralement, et sauf quelques rares exceptions, contraires à la végétation des bonnes plantes, de celles qui sont l'objet des soins du cultivateur; en revanche, elles favorisent la multiplication exagérée des mauvaises herbes, qui envahissent les cultures.

Le mal étant connu, il s'agit de trouver le remède. Un sol humide à l'excès peut être regardé comme malade ou malsain; on n'en obtiendra rien ou presque rien, si l'on ne s'occupe d'abord de le guérir ou de l'assainir. Aussi n'est-ce pas sans raison que le desséchement des sols humides reçoit le nom d'*assainissement*.

On peut dessécher ou assainir les sols de plusieurs manières : le choix dépend des circonstances locales et des ressources dont on dispose.

Le sol étant ordinairement humide ou inondé parce que son niveau est trop bas pour que les eaux puissent s'écouler librement, on est naturellement conduit à élever ce niveau. Quand on opère sur une petite étendue, on peut tout simplement y apporter de la terre à bras d'homme ; c'est ainsi qu'ont été créés les riches *hortillonnages* ou jardins maraîchers de la vallée de la Somme.

Mais ce procédé très simple deviendrait par trop coûteux, si on voulait l'appliquer en grand. On a recours alors à l'atterrissement, appelé aussi *colmatage* ou *limonage;* voici en quoi il consiste :

Dans les terres voisines des cours d'eau, des grands lacs ou des mers, et sujettes à être inondées par des crues ou des débordements, on utilise les eaux envahissantes, qui sont généralement troubles ; on les fait séjourner quelque temps sur les terres, et on ne les laisse écouler que lorsqu'elles ont déposé le limon dont elles étaient chargées.

Le colmatage, avec quelques différences dans les détails d'exécution, a été appliqué avec succès en Italie, en Flandre, et surtout en Hollande, où il a servi à créer les *polders,* qui font la fortune du pays ; il est même depuis longtemps mis en pratique par les Chinois.

Quand on n'a pas les moyens ou la possibilité de rehausser le sol, on se contente de le débarrasser des eaux surabondantes. Dans les terrains marécageux, on emploie souvent pour cela les *boitout;* ce sont des puits, creusés de distance en distance : le fond est rempli de pierres dont les interstices laissent écouler l'eau.

Sur les vastes étendues, on creuse des rigoles ou des tranchées ouvertes, assez profondes pour que les eaux s'y rassemblent en vertu des lois de la pesanteur, et puissent ainsi être facilement rejetées au dehors.

Ce procédé présente plusieurs inconvénients. D'abord il enlève beaucoup de terrain à la culture, gêne le parcours et les travaux, et nécessite des frais d'entretien des fossés. Pour y remédier, on met, au fond des tranchées, des cailloux, des fagots, des fascines ou autres objets analogues, qu'on recouvre avec la terre primitivement enlevée.

Le *drainage* est un moderne perfectionnement du procédé que nous venons de décrire. Il convient surtout aux terres dont le sous-sol est argileux et imperméable, et dans lesquelles sourdent des eaux de source.

Pour drainer un champ, on y ouvre des tranchées parallèles, au fond desquelles on place des tuyaux en terre cuite, appelés *drains*, et que l'on comble ensuite avec la terre enlevée. Plus le sol est humide, plus les drains doivent être rapprochés entre eux et enfoncés profondément.

Ces drains, qu'on appelle *drains secondaires* ou *drains* proprement dits, se composent de tuyaux étroits, par lesquels l'eau s'écoule ; ils débouchent, sous un angle aigu, dans des tuyaux de plus grand diamètre, placés un peu plus bas, et appelés *collecteurs*, parce qu'ils recueillent les eaux.

Les collecteurs se rendent à leur tour dans un tuyau ou collecteur principal, qui doit avoir une issue franche et nette dans un cours d'eau ou dans un boitout.

Le drainage assainit parfaitement le sol, n'enlève rien à la surface cultivée, exige peu de frais d'entretien, conserve la chaleur du sol, facilite la circulation de l'air et augmente la quantité et la qualité des récoltes.

Les Marais

Le marais abandonné à lui-même est le plus dangereux voisin pour tout ce qui respire ; au moment où il s'assèche, il devient un foyer de corruption où les plantes aquatiques, les poissons et les animaux meurent, pourrissent et répandent au loin la contagion.

Mais que l'industrie de l'homme vienne ici au secours de la nature, et les terrains infects vont devenir de belles prairies coupées par des canaux d'eaux vives, couvertes de bestiaux d'une taille élevée, ou de vastes champs de céréales, de blés, dont les épis, forts, égaux, nombreux et serrés, forment au-dessus du sol une seconde plaine parfaitement unie. L'homme y devient grand, fort, vigoureux, parce qu'il habite une terre fertile, où il trouve sans peine tout ce qui est nécessaire à la vie.

Aussi ne peut-il quitter le sol qui l'a vu naître ; il y tient aussi fortement qu'aux habitudes de ses pères. Chasseur, pêcheur ou pasteur, simple et religieux, il est peu instruit et désire peu de l'être. Il ne tire qu'un faible parti du sol que lui a départi la nature. Tel est l'habitant des marais desséchés de l'ancienne France.

Celui des beaux dessèchements de la Flandre et de la Hollande est, si j'ose m'exprimer ainsi, plus perfectionné, plus industrieux ; aussi est-il bon cultivateur, bon négociant et même spéculateur. Il tire de son sol et de son industrie des produits doubles et triples de ceux qu'obtiennent les habitants de nos marais desséchés. Le prix de vente des fonds et celui des baux le démontrent par des faits qu'on peut vérifier.

Mais ce n'est point assez d'avoir vaincu la nature, il faudrait aussi vaincre l'homme des marais et réformer ses habitudes. L'agriculture y gagnerait sans doute plus que le bonheur des habitants.

En considérant les beaux dessèchements de la Hollande et

de la Flandre, ceux effectués dans le commencement du dix-septième siècle par les Hollandais, dans l'ouest et le midi de la France, on est bien convaincu que ces grandes entreprises sont la plus belle conquête que le génie de l'homme ait faite sur la nature. Mais cette conquête est plus belle qu'elle n'est facile.

CHASSIRON.

XIII. — Les Labours

Le labourage consiste à diviser ou ameublir les couches superficielles du sol. Le mot labour vient du latin *labor*, qui signifie *travail*. Le labour est, en effet, pour le cultivateur, le travail ou le labeur par excellence ; aussi dit-on indifféremment *labourer* ou *travailler* la terre.

Il ne suffit pas d'ameublir le sol par le labour ; il faut encore le retourner, de manière à ramener à la surface la couche profonde et vierge, et à enfouir la couche supérieure, qui se trouve plus ou moins épuisée.

Quand la terre est bien labourée, ses diverses couches, avec les matières fertilisantes qu'on y ajoute, sont plus intimement mélangées ; le sol est plus aisément pénétré par l'air, la pluie et la chaleur, et les racines des plantes s'y développent mieux ; enfin, les mauvaises herbes sont détruites, ainsi que beaucoup de petites bêtes nuisibles.

On laboure tantôt à plat ou en planches, tantôt en billons. Dans le premier cas, le sol présente une surface unie ; dans le second, il est divisé en bandes plus ou moins étroites, bombées dans leur milieu et séparées entre elles par des raies d'écoulement.

En général, le labour à plat ou en larges planches, avec quelques raies espacées pour l'écoulement des eaux, est bien préférable ; il y a moins de terrain perdu, et tous les travaux de culture s'opèrent dans de bien meilleures conditions. Mais il est des circonstances, exceptionnelles sans doute, où le labour en billons est en quelque sorte commandé, par exemple dans les sols très humides ou peu profonds.

Il est impossible de fixer des règles générales pour les labours ; on peut dire néanmoins que, dans la grande généralité des cas, il y a tout avantage à les faire très nombreux, très profonds et très réguliers.

Les instruments aratoires, c'est-à-dire servant à labourer le sol, varient beaucoup. Dans la petite culture, qui comprend les jardins et les champs de faible étendue, on emploie la *bêche*, la *fourche*, la *houe*, la *pioche*, etc.

Le labour opéré ainsi à bras d'homme est bien plus parfait, mais il est aussi plus lent et plus coûteux.

Dans la grande culture, on a besoin d'engins qui fasssent un travail plus expéditif et plus économique. Tels sont l'araire ou charrue, l'extirpateur, la herse, le scarificateur, le rouleau, etc.

L'*araire* ou *charrue* est un instrument traîné par des bœufs ou des chevaux, quelquefois mû par la vapeur, et disposé de manière à couper, à soulever et à renverser sens dessus dessous les bandes de terre.

Cet appareil, base indispensable de la grande culture, après avoir été très simple dans le principe, a reçu des perfectionnements successifs, qui ont pour résultat de produire un travail plus efficace ; mais par cela même sa construction est plus ou moins compliquée.

La charrue se compose donc de plusieurs pièces, les unes principales ou agissant directement sur le sol, les autres accessoires ou servant surtout à faciliter et à régulariser l'action des premières.

Les pièces essentielles de la charrue sont : le *coutre,* sorte de lame de couteau qui tranche verticalement le sol à labourer ; le *soc,* qui détache horizontalement la tranche de terre séparée par le coutre ; le *sep,* qui, fixant les diverses pièces de l'instrument dans leur partie inférieure, glisse au fond du sillon, en appuyant sur la terre non labourée ; le *versoir* ou *oreille,* qui soulève, renverse et retourne la tranche de terre séparée du sol.

Les pièces accessoires sont : l'*âge* ou *flèche,* sorte d'axe sur lequel sont fixées les autres pièces, et qui, obéissant à l'action de l'attelage, met en mouvement tout le reste ; les *manches* ou *mancherons,* qui, placés à l'arrière, permettent au laboureur de maintenir et de diriger l'instrument ; le *régulateur,* placé en avant, pour modifier à volonté la largeur et la profondeur du sillon à creuser.

Les charrues proprement dites, et c'est là surtout ce qui les distingue des araires, ont de plus un *avant-train,* sorte d'essieu auquel sont adaptées deux roues, et qui se place tout à fait en avant de l'âge.

L'*extirpateur* est une charrue à plusieurs socs, mais sans versoir, qui, pénétrant peu profondément dans le sol, sert à ameublir et à soulever la couche supérieure du sol déjà labouré, pour détruire les mauvaises herbes.

Il n'est pas toujours nécessaire de labourer profondément le sol ; il suffit quelquefois d'en entamer légèrement la surface. Dans la petite culture, on se sert pour cela d'un simple *râteau* ; dans la grande culture, on emploie la herse ou le scarificateur.

La *herse* consiste essentiellement en un châssis ou cadre portant à sa face inférieure de longues et fortes chevilles ou dents en bois dur ou mieux en fer. On l'emploie surtout pour émietter ou briser les mottes de terre après un labour, ou pour enterrer les semences. Elle peut servir également à détruire les mauvaises herbes.

Le *scarificateur* tient de la charrue par la forme et de la herse par l'usage ; il diffère de l'extirpateur en ce que les socs sont remplacés par des coutres en forme de dents de herse renforcées et recourbées.

Le *rouleau* se compose d'un cylindre en bois, en pierre ou en fonte, tournant sur un axe de fer, dont les extrémités portent des brancards auxquels on attelle les animaux qui doivent traîner l'instrument. Il sert à briser les mottes de terre, et aussi à tasser ou *plomber* les terres légères, de manière à les rendre plus compactes.

Le Paysan

Au paysan le bon Dieu donne
Les blés aux riches épis d'or,
Les grappes que mûrit l'automne ;
La terre est son fécond trésor :
C'est dans son sein que sans relâche,
Prodigue, il sème à pleine main ;
Aussi, plus tard, il en arrache
De quoi nourrir le genre humain.

    Paysan, la nuit s'achève,
    L'alouette va s'éveiller ;
    Avant que l'aube se lève,
    Aux champs, il te faut travailler.
        Vite, à la charrue
    Les grands bœufs ! voici le sillon !
        Hue ! hue ! hue !
    Marchez, ou gare l'aiguillon !

Comme chaque saison amène
Avec elle un travail nouveau,
Que le vent souffle dans la plaine,
Le paysan tient son hoyau.

Sous sa grossière limousine,
Vers la terre on le voit baissé ;
Il fait la guerre à la famine,
En défrichant le sol gercé.
 Paysan, la nuit s'achève....

Garde-toi d'envier la ville,
Où chacun veille quand tu dors ;
Demeure en ton séjour tranquille,
Où tu vis calme et sans remords.
Aux paysans les toits de chaume,
Les vendanges et les moissons,
Les fleurs dont la terre s'embaume,
Le joyeux rire et les chansons.
 Paysan, la nuit s'achève....

H. GOURDON DE GENOUILLAC.

XIV. — Les Engrais

Pour corriger les défauts des sols et augmenter leur richesse, on est dans l'usage d'y mélanger des substances très diverses, réunies sous le nom collectif de *matières fertilisantes*, ou plus communément d'*engrais*, et qui peuvent se diviser en trois catégories : les amendements, les stimulants et les engrais proprement dits.

Les *amendements* ont pour objet principal de modifier les propriétés physiques du sol, et particulièrement son degré de consistance ou d'humidité. Tels sont, entre autres, l'argile, le sable, le gravier.

L'argile, mélangée aux sols calcaires ou siliceux, les rend plus compactes et plus aptes à retenir l'eau des pluies ou des arrosages. Par contre, la silice, ou mieux le sable siliceux, diminue la consistance excessive des terres argileuses; il en est de même des graviers, des petites pierres, des schistes, des laitiers ou des scories; mais ces derniers ont besoin d'être préalablement broyés.

L'*écobuage* est une sorte d'amendement qui consiste à brûler la couche supérieure du sol, pour la mélanger ensuite aux couches inférieures. Cette opération, qui ameublit et assainit le sol, s'emploie avec succès sur les fonds très humides ou marécageux.

Les *stimulants* ont la propriété d'activer la végétation et d'exciter les plantes à puiser dans la terre et dans l'air une nourriture plus abondante. Tels sont surtout la chaux, le plâtre, la marne.

La chaux, outre son rôle comme amendement, agit sur les matières fertilisantes que renferme le sol et les rend plus aptes à être absorbées par les racines.

Les marnes sont des mélanges d'argile, de calcaire et de silice, dans des proportions très variables; suivant l'élément qui domine dans leur composition comme dans leurs effets, on les divise en argileuses, calcaires et siliceuses.

La craie est, dans certains cas, préférée aux marnes; elle convient surtout aux terres argileuses. On emploie aussi les coquilles; la tangue, sorte de sable marin; le plâtre et les plâtras; les cendres; le sel marin; la suie, etc.

Ce serait une erreur de croire que les amendements ou les stimulants suffisent pour obtenir de belles récoltes. Si on ne leur associe pas des engrais proprement dits, ils finissent à la longue par épuiser le sol. On peut les considérer comme des condiments, qui rendent les aliments plus savoureux et plus digestifs, mais qui par eux-mêmes ne sont pas nourrissants.

Les vrais *engrais*, les seuls auxquels on doive donner ce nom, répandus sur le sol ou mélangés avec lui, fournissent les éléments nécessaires à la nourriture des plantes, à laquelle ils contribuent ainsi directement. Suivant leur origine et leur composition, on les distingue en engrais végétaux, animaux ou mixtes.

Les *engrais végétaux* sont formés de plantes vivantes ou mortes, ou de leurs diverses parties ; tels sont, entre autres, les engrais verts, les plantes marines, les marcs et tourteaux, les chaumes et mauvaises herbes, etc.

Quelquefois on cultive certaines plantes non pour en récolter les produits, mais pour les enterrer dans le sol, par un labour, quand elles sont assez développées. C'est ce qu'on nomme les *engrais verts*. Le choix de ces plantes, qui sont nombreuses, dépend de la nature des terrains.

On confond sous les noms d'*algue, goëmon* ou *varech* les plantes marines que l'on récolte sur la côte ou que les flots y rejettent naturellement.

Les marcs et tourteaux sont les résidus que laissent les fruits et les graines dont on a extrait de l'huile ou des boissons fermentées. C'est un engrais très énergique, surtout pour les sols calcaires ou siliceux.

Les *engrais animaux* comprennent les déjections de l'homme et des animaux domestiques, les chairs, le sang, les os et les cornes, les poils et les plumes, les chiffons de laine, etc. Beaucoup plus énergiques en général que les engrais végétaux, ils ont le défaut d'être parfois plus ou moins répugnants, défauts que l'on corrige le plus souvent en les mélangeant avec de la terre, de la tourbe, des pailles, de la sciure de bois, ou autres matières analogues. Les engrais ainsi désinfectés perdent leur mauvaise odeur, et deviennent plus faciles à manipuler.

Le parcage est une opération qui consiste à faire séjourner dans des parcs mobiles, au milieu des champs, les animaux domestiques, notamment les moutons, qui déposent ainsi leur engrais sur place.

Les déjections des oiseaux, surtout des pigeons et des poules, constituent un engrais chaud et puissant. Il en est de même du guano, produit par les oiseaux de mer sur la côte occidentale de l'Amérique du sud.

Il est des pays où certains poissons se pêchent en si grande abondance et ont si peu de valeur qu'on les emploie avantageusement pour fumer les terres.

Les *engrais mixtes* sont ainsi nommés, parce qu'ils consistent en mélanges de matières animales et végétales.

Le fumier de ferme, qu'on appelle plus simplement *fumier,* est le type de ces engrais. Il se compose des pailles, fougères, herbes sèches ou autres matières semblables, ayant servi de litière aux animaux domestiques, et des déjections de ces animaux. C'est l'engrais par excellence et la base des bonnes exploitations agricoles.

La composition, la richesse, la valeur du fumier de ferme varient suivant diverses causes, savoir : l'espèce même des animaux ; leur âge et leur régime ; la nature des aliments et celle des litières ; enfin, la manière de soigner et de confectionner le fumier lui-même.

On désigne sous le nom caractéristique de *compost* un engrais dans lequel on fait entrer toutes les matières animales ou végétales dont on dispose, et qui, bien mélangées, brassées et fermentées, donnent un engrais énergique, bien que très variable dans sa composition.

Un agriculteur intelligent ne doit rien laisser perdre ; il sait tirer bon parti de tout ce qui peut servir à amender, à améliorer et à fertiliser le sol.

Le Sol et l'Engrais

Quand l'homme cultiva pour la première fois,
De ce premier des arts il ignorait les lois.
Sans distinguer le sol et les monts et les plaines,
Son imprudente main leur confia ses graines ;
Mais bientôt, plus instruit, il connut les terrains :
Chaque arbre eut sa patrie, et chaque sol ses grains.
Vous, faites plus encore : osez par la culture
Corriger le terrain et dompter la nature.
Rival de Duhamel, surprenez ses secrets ;
Connaissez, employez l'art fécond des engrais.
Pour fournir à vos champs l'aliment qu'ils demandent,
La castine (1), la chaux, la marne vous attendent.
Que la cendre tantôt, tantôt les vils débris
Des grains dont sous leurs toits vos pigeons sont nourris,
Tantôt de vos troupeaux la litière féconde,
Changent en sucs heureux un aliment immonde ;
Ici, pour réparer la maigreur de vos champs,
Mêlez la grasse argile à leurs sables tranchants :
Ailleurs, pour diviser les terres limoneuses,
Mariez à leur sol les terres sablonneuses.

G. Delille.

XV. — Les Assolements

Lorsqu'une même espèce de plantes est cultivée plusieurs fois de suite sur le même terrain, il arrive presque toujours que la quantité et la qualité des récoltes vont diminuant d'année en année ; cela tient à ce que le sol, si

---

1 *Castine,* carbonate de chaux.

riche qu'il fût d'abord, s'épuise peu à peu et finit par devenir complètement improductif.

Pour remédier à cet inconvénient et rendre au sol sa fertilité, il est un moyen qui se présente naturellement à l'esprit; aussi a-t-il été généralement usité aux âges primitifs de l'agriculture, et le trouve-t-on encore employé dans quelques pays pauvres et arriérés.

Ce moyen consiste à laisser dans un repos absolu la terre épuisée, en d'autres termes à n'y rien cultiver pendant un temps suffisant pour qu'elle ait recouvré sa fécondité naturelle, temps qui peut être souvent bien long. On donne le nom de *jachère* à cet état de repos, et par extension aux terres sur lesquelles on l'applique. L'action de l'air et des pluies, la décomposition des plantes qui croissent spontanément, les déjections des animaux domestiques ou sauvages agissent ici comme les engrais.

La jachère est donc un procédé économique, mais fort lent; d'un autre côté, le sol ne produit rien, se durcit à l'air, est envahi par les mauvaises herbes et ne peut bien souvent être rendu à la culture que grâce à des travaux pénibles et dispendieux. Elle doit donc disparaître de tout domaine bien administré.

Toutefois, il est certains cas, exceptionnels à la vérité, où la jachère peut rendre des services, surtout si le sol reçoit des fumures et des labours.

Mais, en général, il vaut mieux recourir à un meilleur moyen, qui consiste à adopter un bon *assolement*. On appelle ainsi l'opération par laquelle on répartit les terres d'un domaine en plusieurs divisions ou *soles*, sur chacune desquelles les plantes se succèdent régulièrement. Les diverses espèces végétales n'ayant ni les mêmes exigences ni le même mode de végétation, il est bon de faire suivre une récolte par la culture d'une autre plante.

Au point de vue de la durée, on distingue les plantes *annuelles*, qui accomplissent leur végétation dans le courant d'une année, et les plantes *bisannuelles*, dont la végétation se répartit sur deux années.

Enfin, il y a les plantes *vivaces*, dont la racine, ou mieux la partie souterraine, persiste durant plusieurs années, en émettant de nouvelles pousses ou tiges à chaque retour de la belle saison.

Les plantes, avons-nous dit, n'ont pas toutes les mêmes exigences. Les unes, comme les céréales, sont *épuisantes*, parce qu'elles empruntent au sol plus qu'elles ne lui rendent. Les autres, telles que les plantes fourragères, sont dites *améliorantes* ou *fertilisantes*, parce qu'elles rendent au contraire au sol plus qu'elles ne lui empruntent.

Enfin, au point de vue de la végétation, nous remarquons des plantes *salissantes*, comme le blé, qui laissent envahir le sol par les mauvaises herbes; des plantes *étouffantes*, telles que la luzerne, qui étouffent sous leur feuillage épais ces mauvaises herbes et s'opposent à leur croissance; et les plantes *nettoyantes*, comme la betterave, qui permettent de les détruire par des sarclages.

Dès lors, le simple bon sens dit que toute récolte épuisante doit être suivie d'une récolte améliorante, et qu'à toute culture salissante doit succéder une culture étouffante ou nettoyante.

Il faut encore adopter un ordre tel, qu'entre la récolte d'une plante et le semis de celle qui suit, il y ait assez de temps pour qu'on puisse enlever les produits, débarrasser le sol et lui donner les façons nécessaires.

Enfin, dans le choix d'un assolement, on doit faire entrer en ligne de compte le climat de la localité, la nature et la fertilité du sol, la configuration du domaine, les ressources dont on dispose, les besoins du commerce ou de l'industrie, les moyens de transport, etc.

La *rotation*, que l'on confond quelquefois avec l'assolement, est l'espace de temps ou le nombre d'années qu s'écoule avant qu'une plante revienne au même endroit.

Les divers assolements sont surtout caractérisés par la durée; ainsi on distingue : l'assolement *biennal* ou de deuxans; *triennal*, de trois ans; *quadriennal*, de quatre ans; *quinquennal*, de cinq ans; et ainsi de suite.

Les cultures qui occupent le sol durant de longues années, comme les prairies naturelles, n'entrent pas ordinairement dans une rotation régulière; elles forment, dans le domaine, une sole ou division supplémentaire, qui est dite hors d'assolement.

La Magie du laboureur

Un vieillard avait su de ses champs peu féconds
Vaincre l'ingratitude et doubler les moissons;
Il avait, devinant l'art heureux d'Angleterre,
Pétri, décomposé, recomposé la terre,
Créé des prés nouveaux; et les riches sainfoins
Et l'herbe à triple feuille avaient payé ses soins.
Ici des jeunes fleurs il doublait la couronne,
Là de fruits inconnus enrichissait l'automne.
Nul repos pour ses champs; et la variété,
Seule, les délassait de leur fécondité.
Enviant à ses soins un si beau privilège,
Un voisin accusa son art de sortilège.
Cité devant le juge, il étale à ses yeux
Sa herse, ses râteaux, ses bras laborieux,
Raconte par quels soins son adresse féconde
A su changer la terre, a su diriger l'onde.

Voilà mon sortilège et mes enchantements,
Leur dit-il. Tout éclate en applaudissements.
On l'absout ; et son art, doux charme de sa vie,
Comme d'un sol ingrat, triompha de l'envie.

G. DELILLE.

XVI. — Le Faire-valoir

Tout propriétaire d'un domaine agricole a le désir bien naturel d'en retirer le meilleur produit. Pour cela, il doit le bien administrer, soit par lui-même, soit par des employés, qui seront ses intermédiaires ou ses délégués à des titres divers, et auxquels il transmettra tout ou partie de son autorité. C'est ce qui constitue le *faire-valoir*.

Or, les modes de faire-valoir ou de mettre en rapport un domaine sont très variés. Nous allons les passer en revue, en procédant du simple au composé.

Voici un modeste cultivateur qui possède un champ, un lopin de terre. Il le cultive lui-même et en recueille tous les produits. Que son avoir soit un peu plus étendu, de telle sorte qu'il ne puisse, même avec l'aide des membres de sa famille, exécuter tous les travaux, il prendra un ou plusieurs ouvriers, soit à la tâche, soit à la journée.

Que l'importance de ce domaine augmente encore. Alors, tout en se réservant la partie des travaux dont il peut se charger, il lui faudra des ouvriers plus nombreux, surveillés par des chefs de service, dits maîtres-ouvriers ou maîtres-valets. Dans tous les cas, il a la direction générale. C'est en cela que consiste le faire-valoir *direct*.

Un propriétaire intelligent peut même diriger de cette manière une exploitation très considérable, mais à la condition de résider, soit sur le domaine même, soit sur un point assez rapproché pour qu'il puisse veiller et présider à toutes les opérations culturales.

Mais si des raisons de famille, de position sociale ou autres forcent le propriétaire à résider à une grande distance de son domaine, et à ne passer qu'une partie de l'année dans ses terres, il faut, pour peu que son exploitation ait une certaine importance, qu'il ait un suppléant sérieux pour la direction générale de l'entreprise.

Ce suppléant sera un employé, on peut même dire un fonctionnaire, d'un ordre supérieur. On l'appelle quelquefois homme d'affaires, homme de confiance, intendant, etc., mais, le plus souvent, on lui donne le titre de *régisseur*, et ce mode de faire valoir porte le nom de *régie*.

Le régisseur, toujours choisi avec soin, doit être un homme capable et honnête ; il a toute la confiance du propriétaire, qui n'a jamais directement affaire qu'à lui, et qu'il représente naturellement auprès des ouvriers et des employés subalternes.

Le *métayage* est un mode d'exploitation par lequel un propriétaire concède un domaine à un métayer et à sa famille, à la condition de partager entre eux deux les récoltes ou les produits de l'exploitation. C'est une véritable association, dans laquelle le premier apporte sa terre, et le second son travail.

Ordinairement le partage a lieu par portions égales, ce qui constitue l'exploitation de compte à demi. Dans les usages de quelques contrées, le propriétaire ne perçoit que le tiers ; c'est ce qu'on appelle le *tiers-franc*.

Tantôt le propriétaire touche sa part en nature ; tantôt c'est moitié en nature, moitié en argent. On comprend du reste que ce mode d'exploitation varie, dans ses détails secondaires, suivant la position des deux parties contractantes et la coutume de la localité.

Le *fermage* est un contrat par lequel un propriétaire loue, concède ou *baille* son domaine, pour un certain nombre d'années, à un entrepreneur appelé *fermier*. Celui-ci exploite le domaine pour son compte, et à ses risques et périls, sous la condition principale de payer tous les ans au propriétaire une redevance fixe, en argent.

Le contrat qui règle cette transmission du droit de jouissance d'un domaine porte le nom de *bail*. Toutes les conditions doivent être mûrement réfléchies et loyalement débattues, avant que les deux parties n'apposent leur signature, et cela, afin de prévenir toutes les difficultés qui pourraient se produire.

Entre les variétés assez nombreuses de baux, on distingue le bail *à ferme,* dont nous venons de parler, et le bail *à cheptel*, par lequel le bailleur donne au preneur des animaux domestiques, pour les nourrir et en tirer parti, suivant les conditions convenues.

On appelle *locatures* de petites fermes, payant un loyer fixe en argent, ou même de simples parcelles louées, pour une année, à des manouvriers qui n'y prennent qu'une seule récolte, sauf à changer, tous les ans, de parcelles.

XVII. — Les Clôtures. — La Garde

La première condition pour bien administrer un domaine, c'est de connaître exactement la contenance et de bien déterminer les limites des parcelles qui le composent. C'est une excellente chose d'avoir un plan de la propriété ; il est facile de l'établir d'après le cadastre.

Chaque parcelle doit avoir des bornes très apparentes ; c'est le moyen de pouvoir toujours reconnaître son bien. A tort ou à raison, on accuse les paysans de chercher souvent à empiéter sur le champ de leur voisin. Le bornage est donc une mesure de toute utilité.

Les bornes, établies après les formalités d'usage, sont ordinairement de grosses pierres, enterrées en partie, et sous lesquelles on en place quelques autres plus petites, appelées *témoins*, afin de retrouver la place des bornes dans le cas où elles viendraient à être déplacées par malveillance.

Parfois les pierres sont remplacées par des plantations d'arbres ou d'arbustes, parmi lesquels on emploie surtout le cornouiller. Il y a aussi des bornes ou limites naturelles, telles que les cours d'eau, les étangs, les bois, les rochers, les grandes routes ou les chemins classés, etc.

Il serait superflu d'insister sur l'utilité des clôtures, toutes les fois qu'on peut les établir, soit pour bien fixer les limites de sa propriété, soit pour opposer un obstacle aux maraudeurs et aux animaux errants ou mal gardés.

Les murs constituent la meilleure clôture, dont le seul défaut est d'être coûteuse. Aussi est-il rare de voir des propriétés rurales de grande étendue entièrement closes de murs. On ne saurait les appliquer à celles qui se composent de parcelles éparses ; aussi les réserve-t-on ordinairement pour les cours et les jardins attenant à l'habitation.

On peut, du reste, apporter une certaine économie dans la construction de ces murs, qui n'ont rien à supporter ; on rentre aussi dans les frais que nécessite leur établissement quand il est possible d'y établir des espaliers.

On remplace souvent les murs par des palissades pleines ou à claire-voie ; on emploiera de préférence des bois injectés au sulfate de fer ou de cuivre, parce qu'ils durent plus longtemps.

Le *fossé* est un mode de clôture très avantageux, en ce

qu'il forme, s'il est assez large, une barrière infranchissable et qu'il ne masque pas la vue ; mais la nature du terrain présente souvent des difficultés.

Les *haies* sont au nombre des clôtures les plus répandues ; on distingue les *haies sèches,* faites de broussailles ou de branches mortes, et qui ne sont que temporaires, et les *haies vives,* composées d'arbustes vivants, plantés très serrés.

L'aubépine est l'espèce par excellence pour la confection des haies ; on emploie aussi, suivant les pays, le sureau, le houx, l'ajonc, le genévrier, le nerprun, le buis, etc. On y introduit quelquefois des essences fruitières, telles que pommiers, poiriers, néfliers, cognassiers, noisetiers, grenadiers, etc.

Dans les jardins, on emploie fréquemment comme clôture, sous le nom de *charmilles* ou d'*ormilles*, de grandes haies de charme, d'orme ou autres essences.

Sur la lisière des bois, on établit une sorte de clôture économique, appelée *plessée,* et composée de jeunes tiges et de rameaux étroitement entrelacés.

De même que les clôtures, les chemins ne sauraient être trop soigneusement entretenus, et il est souvent nécessaire d'en établir de nouveaux. On leur donnera une largeur suffisante, mais bien déterminée, sans leur permettre de s'étendre vaguement d'un côté ou d'autre, et l'on fera en sorte que les eaux n'y séjournent pas.

A ces moyens matériels d'assurer la garde et la surveillance du domaine, il importe de joindre une bonne administration. Pour cela, il faut avoir un personnel suffisant, mais surtout bien choisi ; des employés offrant toutes les garanties de capacité, de dévouement et de probité.

Dans une grande exploitation, des intermédiaires sont

nécessaires entre le chef et les ouvriers. Tous les travaux, si nombreux et si variés, sont répartis en plusieurs services : les cultures, les magasins, le bétail, les bois, les usines, etc.

Le garde-ferme, appelé aussi commis d'intérieur ou magasinier, est un agent utile et essentiellement sédentaire ; il a soin que le plus grand ordre règne partout ; il préside à l'entrée et à la sortie des denrées agricoles, et à leur conservation dans les magasins. Il a la police des bâtiments, et veille à l'extinction des feux, pour prévenir les incendies.

Mais de ce que le chef de l'exploitation aura un personnel digne de toute sa confiance, il ne s'ensuit pas qu'il doive jouer un rôle purement passif. La haute surveillance lui revient de droit. Pour qu'une entreprise agricole marche bien, il faut qu'il donne à tous l'exemple de l'activité, de la vigilance et du bon ordre.

L'œil du Maître

Un cerf, s'étant sauvé dans une étable à bœufs,
    Fut d'abord averti par eux
    Qu'il cherchât un meilleur asile.
Mes frères, leur dit-il, ne me décelez pas :
Je vous enseignerai les pâtis les plus gras ;
Ce service vous peut quelque jour être utile,
    Et vous n'en aurez point regret.
Les bœufs, à toute fin, promirent le secret.
Il se cache en un coin, respire et prend courage.
Sur le soir on apporte herbe fraîche et fourrage,
    Comme l'on faisait tous les jours.
L'on va, l'on vient, les valets font cent tours,

L'intendant même ; et pas un d'aventure
  N'aperçut ni cor, ni ramure,
  Ni cerf enfin. L'habitant des forêts
Rend déjà grâce aux bœufs, attend dans cette étable
Que, chacun retournant au travail de Cérès,
Il trouve pour sortir un moment favorable.
L'un des bœufs ruminant lui dit : Cela va bien :
Mais quoi ! l'homme aux cent yeux n'a pas fait sa revue ;
  Je crains fort pour toi sa venue :
Jusque-là, pauvre cerf, ne te vante de rien.
Là-dessus le maître entre, et vient faire sa ronde.
  Qu'est ceci ? dit-il à son monde,
Je trouve bien peu d'herbe en tous ces râteliers.
Cette litière est vieille, allez vite aux greniers.
Je veux voir désormais vos bêtes mieux soignées.
Que coûte-t-il d'ôter toutes ces araignées ?
Ne saurait-on ranger ces jougs et ces colliers ?
En regardant à tout, il voit une autre tête
Que celles qu'il voyait d'ordinaire en ce lieu.
Le cerf est reconnu : chacun prend un épieu,
  Chacun donne un coup à la bête.
Ses larmes ne sauraient la sauver du trépas.
On l'emporte, on la sale, on en fait maint repas,
  Dont maint voisin s'éjouit d'être.
  Il n'est pour voir que l'œil du maître.

La Fontaine.

XVIII. — Comptabilité

La *Comptabilité agricole* est l'ensemble des écritures nécessaires pour se rendre un compte exact des dépenses que nécessite la mise en valeur d'un domaine et des revenus qu'on en obtient. Elle constitue une partie très importante de l'administration ; seule elle permet de savoir quelles sont les branches de la production rurale qui donnent des bénéfices et celles qui causent des pertes, et de diriger en conséquence les opérations dont se compose le système de culture.

Si l'agriculteur n'est pas tenu légalement à une tenue de livres aussi rigoureuse que celle qui est imposée par la loi aux commerçants, il doit, dans son propre intérêt, se rappeler qu'il fait aussi des opérations commerciales, puisqu'il *achète* certaines denrées (engrais, machines, semences), et qu'il en *vend* d'autres (blés, fourrages, vins, etc.).

Tout cultivateur intelligent doit donc avoir une tenue de livres, si simple qu'elle soit, et même y donner, suivant son instruction et l'importance de son domaine, tout le développement nécessaire. C'est ici surtout que la femme peut apporter une précieuse collaboration, comme cela se voit, du reste, à la ville, dans bien des maisons de commerce.

La comptabilité agricole, tout en admettant les méthodes et les règles ordinaires, présente quelques particularités, qui tiennent à la nature même des objets sur lesquels elle s'exerce. Elle doit donner des indications précises sur la valeur réelle d'un capital agricole.

On peut classer en trois groupes les éléments sur lesquels elle agit : 1° les *valeurs-espèces*, que tout le monde connaît ; 2° les *valeurs-matières,* dont les unes sont fixes, comme les machines, les meubles, les animaux de travail, etc., tandis que les autres se transforment ou se consomment, comme les fourrages, les semences, les récoltes, le fumier, etc.; 3° les *valeurs-travaux,* fournies par les ouvriers et les attelages, et se traduisant en opérations culturales.

De là, trois branches, ayant pour point de départ commun l'inventaire : 1° la comptabilité-espèces ; 2° la comptabilité-matières ; 3° la comptabilité-travaux.

Deux livres principaux sont ici indispensables : le *journal-caisse,* où s'enregistrent toutes les opérations, et le *grand-livre,* où toutes les écritures sont classées par comptes et par spécialités.

Les livres auxiliaires, pour la comptabilité-matières sont au nombre de six, ayant pour objet : les magasins, les bestiaux, les engrais, les semences, les récoltes, le ménage.

L'agriculteur ne doit pas s'émouvoir du nombre de ces livres ; ils sont loin d'exiger un travail continu, et la plupart ne reçoivent même d'écritures que dans certaines saisons. On évite d'ailleurs ainsi d'encombrer les pages du *journal-caisse* et du *grand-livre.*

Les travaux de main-d'œuvre et d'attelages sont enregistrés sur deux livres spéciaux, destinés, l'un à la répartition journalière des travaux, l'autre aux journaliers indiqués nominativement.

La clôture des comptes se fait, comme l'inventaire, à la fin de chaque année. Elle accuse alors nettement la situation respective des cultures et des bestiaux.

Une comptabilité agricole bien tenue, outre les avantages qu'elle présente pour la bonne exploitation du domaine, fournit encore de précieux renseignements à la statistique agricole, qui peut à son tour éclairer bien des points en économie rurale (1).

---

1 *Comptabilité agricole en partie simple et en partie double.* Notions pratiques à l'usage des pensions, des écoles primaires, des cultivateurs, des fermiers et des propriétaires de grands domaines, par Schneider. Prix : 1 fr. — Librairie Aug. Boyer et Cie.

Le budget rural

Il s'agit ici de l'art de bien administrer les finances de l'entreprise, de telle sorte que rien ne soit en souffrance dans le maniement des fonds. Les budgets habituent à la prévoyance, à la précision ; ils sont, par conséquent, l'une des grandes ressources des administrateurs qui tiennent à n'être jamais pris au dépourvu, et qui, une fois engagés dans les affaires, cherchent l'ordre en toutes choses, en finances surtout.

Sans doute il serait puérile de décréter, en matière agricole, un système de dépenses et de recettes immuables ; mais il n'en est pas moins certain que, généralement, le meilleur moyen de faire de bonnes affaires, c'est de disposer de toutes les ressources nécessaires pour acheter ou vendre quand il le faut. D'où il suit que, pour ne pas faire de fausses manœuvres, il est utile de prévoir les choses de loin, et notamment de faire concorder ses rentrées avec ses dépenses

N'eût-elle d'autre résultat que de rendre l'administration plus vigilante, plus régulière, plus positive, la comptabilité mériterait déjà beaucoup de l'agriculture.

E. LECOUTEUX.

CHAPITRE III

LE JARDINAGE

XIX. — Les Jardins

La culture des jardins forme une grande division de la science agricole, désignée sous les noms spéciaux d'*horticulture* ou de *jardinage*. Ces deux termes sont synonymes; toutefois le premier est plus scientifique et a une acception plus large; le second est plus populaire et s'applique plus particulièrement à l'exploitation des jardins fruitiers et potagers.

On comprend sous le nom de *jardins*, des établissements en général peu étendus, et où l'on cultive, les plantes et les arbres par des procédés plus délicats, plus minutieux, plus perfectionnés que ceux dont on se sert dans la culture des champs. On peut les diviser en trois grandes catégories, suivant qu'ils ont pour objet principal l'étude, le produit ou l'agrément.

Nous disons : pour objet principal, et non pour objet unique, car il est rare de trouver un jardin qui réponde exclusivement à une spécialité déterminée.

Les jardins d'étude, qui ont pour but essentiel les observations scientifiques et leurs applications, nous offrent d'abord les *jardins botaniques*, où l'on admet toutes les plantes possibles, rangées dans un ordre méthodique.

Viennent ensuite les jardins d'essai, d'expériences ou de naturalisation, où l'on s'occupe de propager et au besoin de perfectionner les espèces exotiques utiles, ainsi que d'expérimenter les meilleurs procédés de culture. C'est une transition qui nous amène naturellement aux jardins de produit.

Parmi ces derniers, on distingue le *jardin fruitier* et le *verger*, qui ont pour objet la production des fruits comestibles, et le *jardin maraîcher* ou *potager*, où l'on obtient les légumes servant à la consommation journalière.

Enfin, les jardins d'agrément comprennent le *jardin fleuriste* ou *parterre*, dont les dimensions peuvent être très restreintes, et le *parc* ou *jardin paysager*, qui embrasse souvent une étendue considérable et sert surtout à la promenade. On peut y rattacher la culture et le soin des arbres d'avenue.

Les opérations que comporte le jardinage sont les mêmes, en ce qui concerne leur objet et leurs résultats, que celles dont s'occupe l'agriculture. Mais on observe de grandes différences dans les procédés employés, et surtout dans le matériel, qui se compose à peu près uniquement d'outils à la main. Les dépenses sont aussi plus élevées ; mais elles sont en raison de la valeur vénale bien plus grande des produits obtenus.

Le sol d'un jardin doit être de bonne qualité, meuble, profond, composé de terre franche, avec un sous-sol perméable et se laissant aisément pénétrer par les instruments de culture et par les racines des plantes. Avec de l'eau en abondance et des engrais, on en obtiendra les plus beaux résultats.

Comme tous les terrains ne présentent pas l'ensemble des qualités nécessaires, on tâchera de les leur donner au moyen des amendements, des engrais et des labours.

Ces derniers se font ordinairement à la *bêche*, outil consistant en une lame quadrangulaire en fer, auquel est adapté un manche en bois, d'un mètre environ de longueur. Mais, dans les labours de défoncement, qui précèdent tous les autres, on emploie souvent la pioche ou la houe.

Dans les terres légères on donne tous les ans un labour profond, pendant les belles journées d'hiver; dans les terres fortes ou humides, on relève, en automne, la couche supérieure, sous forme de tas, que l'on répand ensuite au printemps.

Dans tout labour, il faut avoir soin d'arracher les mauvaises herbes, et, quand on opère au pied des arbres, de ne pas blesser leurs racines. On donne des labours ordinaires toutes les fois qu'on veut faire succéder une culture à une autre.

La herse est remplacée dans les jardins par le *râteau*, qui sert à briser les mottes de terre, à égaliser la surface du sol, à enlever les mauvaises herbes et les cailloux, à recouvrir les graines, etc. Pour suppléer à l'action du rouleau, on bat le sol avec le plat de la bêche; dans les petites parcelles, on le foule souvent avec les pieds, chaussés de sabots.

Comme il se produit toujours, sur les sols cultivés, des plantes *adventices*, c'est-à-dire autres que celles qu'on y avait semées, on les fait disparaître par un *sarclage*. C'est une opération qui consiste à arracher ces herbes, ordinairement avec la main; toutefois, quand on a affaire à des plantes épineuses ou dures à arracher, on se sert de grosses pinces en bois, ou d'autres engins analogues.

Le *binage* est un labour léger et superficiel, qu'on pratique dans les intervalles des plantes avec une petite houe appelée binette, afin que le sol reste toujours meuble.

Le *buttage* consiste à ramener la terre, en forme de petite butte, autour des racines ou de la base des tiges; on se sert pour cela de la binette ou de la houe. On l'applique avec succès au maïs, aux pommes de terre, et surtout aux plantes qui ont été déchaussées par les gelées.

XX. — Multiplication

Toute plante, abandonnée aux soins de la nature, produit des *graines*, qui, en tombant sur le sol, germent et donnent naissance à de nouveaux individus. Beaucoup d'espèces végétales émettent, en outre, des *rejetons*, des *coulants* ou des *drageons*, qui aboutissent au même résultat. Mais ces moyens naturels ne sauraient suffire au cultivateur, qui cherche avant tout les plus grands et les meilleurs produits.

Le *semis*, même opéré de main d'homme, est la manière la plus naturelle de propager ou de multiplier les végétaux; c'est aussi la plus sûre et la meilleure pour obtenir des individus sains et vigoureux, comme pour se procurer de nouvelles variétés.

On ne doit employer que des graines bien mûres et récoltées sur les individus les plus vigoureux. En général, il est bon de semer le plus tôt possible après la récolte; si pourtant on est forcé d'attendre, il faut conserver les graines, en les mettant à l'abri de la chaleur, de la lumière et de l'humidité, par les procédés ordinaires.

Il y a des graines qui perdent au bout de très peu de

temps leur faculté germinative, d'autres qui peuvent la conserver pendant des siècles.

Le mode de semis varie suivant la nature des végétaux et les conditions de la culture. On sème *à la volée* quand on répand les graines à la main, en ayant soin de les disperser le plus également possible jusqu'à une certaine distance. Le semis est *dru* ou épais pour certaines plantes, telles que le chanvre ou le lin ; il est *clair* pour d'autres, comme les carottes ou les salades.

Le semis *en lignes* ou *en rayons* n'a pas besoin d'être défini ; dans les jardins, il s'opère à la main. Dans les champs, pour le blé par exemple, on se sert d'engins spéciaux et plus ou moins compliqués, appelés *semoirs*.

Le semis *en pochets* ou *poquets* consiste à déposer les graines, une à une, dans des trous pratiqués à une distance qui varie suivant les espèces ; on l'emploie pour les graines volumineuses, comme les glands, les marrons, les noix, etc.

On ne sème pas toujours les végétaux à la place qu'ils doivent occuper. Souvent on sème en pépinière, et, pour les espèces rares ou délicates, sur couches, en pots ou en terrines, qu'on abrite sous des châssis. Les jeunes sujets reçoivent ainsi tous les soins convenables, avant d'être transplantés *à demeure* ou à leur place définitive.

La propagation des végétaux ne se fait pas toujours par graines. Les plantes à oignons produisent des bulbilles ou des caïeux ; d'autres espèces, comme la pomme de terre ou le topinambour, ont des rameaux souterrains, renflés et charnus, nommés *tubercules ;* tous ces organes, mis en terre dans des conditions convenables, se comportent comme les graines et donnent naissance à de nouveaux individus.

Les végétaux qui croissent en touffes, comme l'artichaut,

peuvent être divisés en plusieurs parties, qui, pourvu qu'elles soient munies de quelques racines, reprennent aisément quand on les transplante; c'est ce qu'on appelle multiplication *par éclats* ou par division.

Le *marcottage* consiste à coucher en terre les rameaux d'une plante, puis à les séparer du pied-mère, quand il s'est formé des racines aux points de contact; ce phénomène se produit naturellement sur les coulants des fraisiers.

Le *bouturage* diffère du marcottage en ce que les rameaux sont séparés tels quels du végétal, puis plantés en terre, et c'est alors seulement qu'ils commencent à émettre des racines. On fait des boutures, non seulement avec des rameaux, mais encore avec des racines, des feuilles ou d'autres organes.

La *greffe* consiste à transporter sur un végétal, appelé *sujet*, un bourgeon, un rameau ou une branche d'un autre végétal que l'on veut propager. Il est indispensable, pour que l'opération réussisse, que le sujet et la greffe appartiennent à la même espèce, ou au même genre, ou tout au moins à des genres très voisins; encore même ce dernier cas présente-t-il de nombreuses exceptions. On peut du reste *greffer* ou *enter* de plusieurs manières.

Pour la greffe *en écusson*, on pratique sur le sujet deux incisions formant un T majuscule; on soulève les deux angles de l'écorce; on applique sur le bois dénudé un fragment d'écorce en forme d'écusson, portant au centre un œil ou bourgeon; puis on recouvre cette greffe en rabattant et maintenant les deux lambeaux du sujet.

La greffe *en fente* se fait avec un rameau dont la base, taillée et amincie en biseau, est introduite et resserrée dans une fente à l'extrémité du sujet, qu'on a préalablement coupé très nettement.

Pour la greffe *par approche,* on choisit deux sujets très rapprochés, dont on lie les tiges entre elles, après avoir enlevé l'écorce au point de contact ; quand ils sont bien soudés, on enlève les parties inutiles.

L'invention de la Greffe

Appliquez-vous ensuite à cet art admirable
Qui donne au sauvageon droit d'entrée au verger.
De l'art d'enter voici l'origine : Un berger,
En train de restaurer sa petite chaumière,
Introduisit le bout d'une branche fruitière
Dans le tronc d'un buisson scié tout récemment ;
La sève en ce rameau tenant lieu d'aliment,
Il reçut du buisson une nouvelle vie ;
De là, de ce bel art la pensée est sortie.
On ente, vous savez, de plus d'une façon,
Par exemple en trompette, en fente, en écusson :
Choisissez, et, malgré l'opinion commune,
Gardez-vous, pour enter, de consulter la lune.
De ce vieux préjugé ne soyez plus imbus ;
Tout sage horticulteur en reconnaît l'abus,
Qu'elle soit jeune ou vieille, invisible, apparente,
La lune à vos travaux est fort indifférente ;
Seulement chaque année, amis, rappelez-vous
Qu'il faut pour ce travail des jours calmes et doux.

A. Peyramale

XXI. — Jardin fruitier

Le jardin fruitier, avons-nous dit, sert à cultiver les arbres qui donnent des fruits comestibles et exigent pour cela plus ou moins de soins. Il y a tout avantage à ce qu'il occupe un emplacement particulier ; mais ce cas est assez rare. Le plus souvent, pour des motifs d'économie et de commodité, le même jardin est consacré à la double production des fruits et des légumes.

Le verger est un terrain, ordinairement clos, où l'on cultive les arbres les plus rustiques, c'est-à-dire ceux qui résistent le mieux aux températures extrêmes, comme aussi à l'action des vents violents.

Les arbres fruitiers peuvent se diviser en trois groupes : les uns ont des fruits à pépins, d'autres des fruits à noyau, d'autres enfin des fruits de nature diverse.

Parmi les arbres à fruits à pépins, le *pommier* doit être cité en premier ; originaire des forêts de l'Europe, il a produit, par la culture, de nombreuses variétés, qui peuvent se répartir en deux catégories, suivant qu'elles ont des fruits doux ou acerbes. Mais ces dernières sont très rarement cultivées dans les jardins fruitiers.

Le *poirier* est un grand arbre, qui croît aussi à l'état sauvage dans nos forêts, mais qui depuis longtemps a été introduit dans nos cultures. Ses nombreuses variétés se divisent également en deux groupes : les unes donnent des poires *douces* ou *à couteau*, qu'on mange au naturel ; les autres, des poires *âpres* ou *à cuire*, qui ne sont bonnes à consommer que cuites ou en compote.

Le *cognassier* est un petit arbre, à fruits généralement très gros et parfumés. Même très mûrs, ils sont âpres et peu agréables à manger ; mais on en fait de bonnes compotes, d'excellentes confitures sèches, des gelées et de délicieuses liqueurs.

Le *cormier* est quelquefois appelé *sorbier* ; assez rarement cultivé dans le nord, il est beaucoup plus répandu dans le midi ; ses fruits, appelés *cormes* et semblables à de petites poires, ne peuvent être mangés que blets.

Parmi les arbres à fruits à noyau, on remarque le *pêcher*, généralement cultivé en espalier sous nos climats, mais qui croît en plein vent dans le midi de la France. Son fruit est un des plus délicats que l'on connaisse.

L'*amandier* appartient surtout aux climats tempérés ou chauds ; on ne mange pas ses fruits, mais seulement ses graines ou amandes, qui sont douces ou amères, suivant les variétés. Les premières seules figurent sur nos tables ; les autres sont employées dans la confiserie ou entrent dans quelques préparations médicinales.

Le *prunier*, assez généralement cultivé dans les diverses parties de la France, a de nombreuses variétés, qui presque toutes constituent d'excellents fruits. Quelques-unes sont surtout cultivées pour la production de fruits qui se vendent, tantôt secs, sous le nom de *pruneaux*, tantôt confits, sous ceux de *brignoles* ou *pistoles*.

Le *cerisier* présente deux races principales : l'une provenant du merisier des bois, et donnant des cerises douces ; l'autre, le cerisier d'Orient, produisant les cerises dites acidules ou aigrelettes.

L'*abricotier* est assez commun dans le centre et dans le midi ; ses fruits, très bons quand ils sont bien mûrs, servent aussi à faire une pâte et une marmelade.

L'*olivier*, propre au midi de la France, a des fruits qui exigent une préparation spéciale pour être mangeables ; ils servent surtout à l'extraction de l'huile.

Parmi les essences fruitières qui ne rentrent pas dans les deux catégories précédentes, nous devons mentionner d'abord la *vigne*. On la voit quelquefois dans les jardins, et ordinairement sous forme de treilles, portant d'excellents fruits de table. Sa place est surtout dans les vignobles, où elle sert à la production du vin.

Le *noyer* est un grand arbre, originaire de l'Orient et fréquemment cultivé en France; toutefois il appartient plutôt à la grande culture. On fait une énorme consommation de ses fruits, dont on extrait aussi de l'huile.

Le *figuier*, bien que propre aux régions méridionales, peut cependant, avec quelques soins, être cultivé jusque sous le climat de Paris. Ses fruits, à l'état frais, sont doux et rafraîchissants; on les fait aussi sécher, et ils sont alors une ressource pour les desserts, dans la mauvaise saison.

A cette liste déjà longue, il faut ajouter quelques arbrisseaux, tels que le *groseillier*, l'*épine-vinette* et le *framboisier*; puis des arbres forestiers à fruits alimentaires, le *châtaignier*, le *hêtre*, le *noisetier*; enfin quelques espèces propres aux pays chauds, l'*oranger*, le *citronnier*, le *grenadier*, le *jujubier*, le *pistachier*, le *pin-pignon*, etc.

Origine des fruits

Jadis l'Achaïe fut la première qui, après avoir vaincu des peuples barbares, tira de leurs terres les plantes dont elle avait besoin et les apporta dans ses jardins : elle sut même les multiplier, en changeant les espèces de fruits, et fournit, par cet art industrieux, les fictions les plus agréables de la Fable : c'est d'elle que le mûrier a reçu de nouveaux destins de nouvelles couleurs, dans le temps où l'on vit, auprès des murailles de la fameuse Babylone, la triste aventure de Pyrame et de Thisbé.

C'est la Fable qui nous a instruits aussi de la métamorphose de l'infortuné Phillis ; cette princesse, impatiente d'attendre sur le rivage son cher Démophon, qui l'avait abandonnée, se pendit de désespoir, et fut changée en un amandier qu'on vit croître dans les jardins de son père. C'est elle enfin qui nous a appris que Bacchus a le premier découvert la vigne et le figuier, et Minerve, l'usage de l'olive.

Vous dirai-je comment les Romains, après avoir triomphé de tant de nations, rapportaient sur les bords du Tibre, les fruits qu'ils avaient cueillis sur des rivages étrangers ?

Dirai-je comment Lucullus planta le premier, dans le jardin de ses pères, des cerisiers qu'il avait fait venir de la ville de Cérasonte ? Comment le Mède fournit à Rome des pommes ; la ville de Damas, des prunes ? Comment la Lydie, l'Égypte et les Indes, les habitants de la Perse et ceux de la Carie, les Galons armés de haches, en un mot tous les peuples vaincus, ont apporté leurs fruits particuliers dans les campagnes de Rome ?

Ce sont les habitants de Montefiascone, jadis adorateurs de Junon, qui formèrent, pour la première fois, ces belles allées de pommiers à haute tige, dont ils couvrirent leurs champs. Les Sabins plantèrent des poiriers dans la vallée d'Amiterne. Les peuples d'Aurunce ont revêtu le mont Taburne de plants de vignes et d'oliviers. L'Italie, enfin, dont le sol est gras et fertile, l'air bon et salutaire, a fait venir dans ses jardins, des différentes contrées de l'univers, toutes les espèces de fruits.

R. RAPIN.

Pour compléter la citation de Rapin, nous ajouterons que, parmi nos arbres fruitiers, il en est quelques-uns dont le type sauvage se trouve dans notre pays. Ainsi, les forêts de la France renferment le châtaignier, le noisetier, le pommier, le poirier, le cormier, le merisier, le néflier, etc., mais ce ne sont pas ceux qui donnent les meilleurs produits.

Les arbres fruitiers les plus estimés sont originaires des contrées orientales ou du nord de l'Afrique, et portent souvent, au moins dans la langue scientifique, un nom qui rappelle celui de leur pays natal. L'*abricotier (Armeniaca)* nous vient de l'Arménie ; le *pêcher (Persica)*, de la Perse ; l'*amandier* et le *prunier*, du Caucase ; le *cerisier (cerasus)*, de Cérasonte *(Cerasus)*, ville de l'Asie Mineure ; le *cognassier (cydonia)*, de Cydon, ville de Crète ; la *vigne*, de l'Arménie ; le *grenadier (punica)*, dont le nom rappelle les Carthaginois (en latin *Pœni*), du nord de l'Afrique ; le *noyer*, de l'Inde ; le *figuier* et l'*olivier*, de l'Asie occidentale.

Mais nous n'avons ici en vue que les types naturels et primitifs ; ceux-ci ont été grandement améliorés et en quelque sorte transformés par une longue culture et des semis réitérés. On peut dire que l'homme a produit, sinon créé, ces excellentes variétés qui aujourd'hui se comptent par centaines et par milliers.

XXXII. — Taille des arbres

Comme il est très rare que les arbres fruitiers soient semés en place, il est nécessaire d'avoir un terrain particulier pour les multiplier, les former et leur donner les soins qu'ils réclament pendant leur premier âge ; c'est ce qu'on appelle généralement une *pépinière*.

Le sol d'une pépinière doit être en bonne terre franche, mais d'une richesse moyenne, un peu fraîche, sans être trop humide, et assise sur un sous-sol bien perméable.

La pépinière doit se trouver en outre à une proximité suffisante des cultures, afin que les jeunes plants n'aient pas trop à souffrir pendant le transport.

Ces plants, obtenus de semis, de bouture ou de marcotte, sont légèrement taillés, de manière à acquérir de bonne heure une forme régulière. Quelques essences demandent à être *repiquées* ou transplantées plusieurs fois dans le temps même qu'elles passent à la pépinière. Cette opération a pour résultat de faire développer beaucoup de menues racines ou de *chevelu*, qui aideront puissamment à la reprise du sujet quand on aura pratiqué la plantation définitive ou à demeure.

La meilleure époque pour les plantations est l'automne dans les sols légers et secs, et le printemps dans les terres fortes et humides. On aura creusé, quelque temps à l'avance, des trous larges et profonds ; on commence par y mettre une couche assez épaisse de bonne terre, sur laquelle on place les racines, que l'on recouvre de terre meuble. Il est bon d'arroser l'arbre au pied aussitôt après la plantation, de lui donner un tuteur pendant les premières années, surtout dans les endroits exposés au vent, et de le protéger, par des épines ou de petites lattes, contre les atteintes des animaux et les accidents extérieurs.

L'arbre ainsi planté et repris, s'il était abandonné à lui-même, donnerait sans doute des fruits, mais en petit nombre et de qualité inférieure ; la taille a pour objet d'améliorer cette production.

Dans un arbre taillé convenablement, la sève, ou liquide nourricier des végétaux, circule plus librement et se distribue d'une manière plus égale dans toutes les parties ; le sujet prend alors une forme plus régulière, et la production fruitière est meilleure et plus constante ; mais il faut que la taille soit modérée et bien conduite.

Dans tout arbre fruitier, il y a des parties utiles, ce sont les boutons à fruits ; et des parties accessoires, ce sont les boutons à bois. Augmenter le nombre et la vigueur des parties utiles au détriment des autres, sans toutefois compromettre la végétation du sujet, est un objet qu'on ne doit jamais perdre de vue dans l'opération de la taille.

Les formes des arbres fruitiers sont assez nombreuses et variées, mais peuvent se ramener à deux principales, savoir : l'espalier et le plein vent.

Les arbres dits *en espalier* sont comme appliqués contre un mur ou une palissade, dont leurs rameaux doivent le moins possible s'écarter ; pour cela, on les taille court dans le sens transversal, et on les maintient par des liens d'osier, de laine, etc.; c'est ce qui constitue le *palissage*. L'ensemble de la tige et des grosses branches s'appelle la *charpente*.

Les arbres en espalier peuvent être conduits sous des formes très diverses, vantées surtout par l'ancienne école : la palmette, le candélabre, l'éventail, la lyre, la treille (pour la vigne), etc. A toutes ces figures, plus ou moins compliquées et longues à établir, on préfère aujourd'hui les formes en cordon oblique, vertical, horizontal ou spiral.

L'espalier est réservé généralement pour les essences les plus délicates et auxquelles on demande une production abondante. Comme les jardins clos de murs sont en général carrés et ont par conséquent quatre expositions, on réservera celle du sud pour les pêchers, et celle de l'est pour la vigne. A l'ouest, on pourra mettre des poiriers, et au nord, des poiriers précoces, des pruniers et cerisiers tardifs.

Les arbres *en plein vent* se distinguent des précédents en ce qu'ils sont plantés loin des murs et généralement de tout abri ; on ne cultive ainsi que les espèces les plus robustes ; leurs branches s'étendent dans tous les sens. Les formes les plus usitées sont : la pyramide, la quenouille, la haute-tige, le vase ou gobelet, le buisson ou cépée.

Le *pincement* consiste à couper avec les ongles l'extrémité d'une jeune pousse, quand elle est encore tendre ou herbacée ; l'*ébourgeonnement*, à supprimer les bourgeons ou pousses inutiles, qui détourneraient sans profit une partie de la sève ; l'*arcure*, à courber en arc les rameaux ou même les branches, pour ralentir la marche de la sève et favoriser les productions fruitières.

Ces trois opérations, quand elles sont bien conduites, simplifient beaucoup la pratique de la taille.

Historique de la Taille

Aussitôt qu'on a eu obtenu, par des semis successifs, des espèces fruitières améliorées, on les a placées dans des jardins, près des demeures habitées, et on a imaginé la taille pour leur donner une forme régulière et les mettre à fruit. La taille des arbres fruitiers remonte donc bien loin. Pline prétend qu'elle a été inventée par les Romains; mais nul doute qu'elle n'existât avant eux chez les Égyptiens et les Grecs.

Depuis lors elle n'a pas cessé d'être plus ou moins employée; mais ce n'est guère qu'après la Renaissance qu'elle est devenue un art et que des hommes spéciaux ont commencé à lui donner des règles dans leurs écrits.

Parmi les anciens écrivains, La Quintinie, intendant des jardins de Louis XIV, nous semble le plus remarquable. Une partie des principes qu'il a établis, après avoir été oubliés pendant un certain temps, ont repris faveur chez les modernes et constituent en grande partie la taille nouvelle; d'ailleurs il nous semble lui-même avoir plutôt recueilli les procédés connus et en usage avant lui que les avoir imaginés.

C'est à cette époque que la culture des pêchers en espalier s'est établie à Montreuil et aux environs.

A. PUVIS.

XXIII. — Conservation des fruits

En thèse générale, les fruits ne doivent être cueillis qu'au moment où ils ont atteint leur parfaite maturité. Cette règle souffre quelques exceptions peu importantes; ainsi le verjus, les groseilles à maquereau perdraient de leur qualité et deviendraient impropres à l'usage auquel on les destine, si on attendait jusqu'à ce moment; tandis que les cormes, les cornouilles, les nèfles ne sont bonnes à manger que quand elles sont *blettes*, c'est-à-dire plus que mûres.

Mais comment reconnaître le moment précis où un fruit est bon à cueillir? Son volume, sa couleur, son parfum fournissent de très bons indices au connaisseur exercé. Si cela ne suffit pas, on le soulève avec précaution, et il faut qu'il se détache au moindre effort.

L'épreuve la plus généralement usitée pour juger de la maturité d'un fruit consiste à le presser entre le pouce et l'index et à voir s'il cède à la pression. Mais cette épreuve est aussi la plus mauvaise, et si, dans certains cas, elle n'a pas de notables inconvénients, il est certain qu'en général, si elle est mal faite, elle altère la fleur ou le velouté de certains fruits, et les expose même à se gâter plus promptement.

Les récoltes de fruits, au moment surtout où ceux-ci approchent de leur maturité, sont sujettes à éprouver bien du déchet, par suite des dégâts opérés par les oiseaux ou les insectes, par la grêle ou autres accidents atmosphériques. Pour y remédier, on enveloppe alors ces fruits dans des sacs en papier huilé, ou mieux en canevas, qui, tout en laissant passer la lumière et la chaleur solaire, opposent un obstacle aux causes extérieures de détérioration.

Mais il ne suffit pas de préserver ainsi les fruits sur l'arbre. Comme ils forment une partie essentielle de nos desserts, et une branche importante des provisions de ménage, il importe de savoir les conserver, de manière à en avoir pendant la plus grande partie de l'année.

Si l'on pouvait conserver ces fruits en nature, avec leur saveur et leur parfum, ce serait certainement le meilleur procédé. Mais tous sont loin de s'y prêter également ; les uns, tels que les fraises, les framboises, les pêches, peuvent à peine, avec de grandes précautions, se garder quelques jours ; les autres, comme les poires, les pommes, les raisins, peuvent traverser tout l'hiver. Nous ne parlons pas des fruits secs, tels que les châtaignes, les noisettes, les amandes, etc.

Pour conserver les fruits, il est bon, quand on le peut, de leur consacrer une pièce spéciale, désignée sous le nom de *fruiterie* ou de *fruitier*. Cette pièce doit être de préférence située au rez-de-chaussée, ou mieux encore enfoncée en partie dans le sol. La meilleure exposition est celle du nord ; car, si la température d'un fruitier ne doit pas descendre au-dessous de zéro, il importe aussi qu'elle ne dépasse pas, à sa limite supérieure, environ dix degrés centigrades. Le fruitier aura des fenêtres fermant bien, et pouvant être hermétiquement fermées et calfeutrées par les temps de gelées ; à l'intérieur, il sera muni de tablettes en bois blanc suffisamment espacées.

A défaut d'une pièce spéciale, on utilisera à l'occasion, comme fruiterie, une cave, un dessous d'escalier, une chambre inhabitée, un grand placard, ou tout autre local analogue, pourvu qu'il ne soit ni trop chaud ni trop froid, ni trop sec ni trop humide, et surtout qu'il soit à l'abri des atteintes des rats et des souris.

Les fruits qu'on veut conserver doivent être cueillis par un temps clair et sec ; après les avoir laissés ressuyer, on les range sur les tablettes du fruitier, en les disposant de telle sorte qu'ils ne se touchent pas entre eux.

Les raisins peuvent être conservés de cette manière ; mais un procédé bien meilleur consiste à suspendre les grappes au plafond, après les avoir bien nettoyées ; ces grappes se conservent mieux et plus longtemps, si l'on a soin de les attacher par le petit bout.

Le fruitier portatif, imaginé par Mathieu de Dombasle, peut rendre de grands services aux petits ménages. Il consiste en un certain nombre de boîtes en bois blanc, assez longues et larges, toutes de mêmes dimensions, mais ayant au plus un décimètre de hauteur. Elles sont dépourvues de couvercle et peuvent s'ajuster exactement les unes sur les autres. Chacune de ces boîtes est remplie d'un lit de poires, de pommes ou de raisins, et sert de couvercle à celle qu'elle surmonte, la boîte supérieure étant seule recouverte en dessus. On peut ainsi empiler quinze caisses et plus ; chaque pile forme une sorte de coffre inaccessible aux animaux rongeurs, et qui peut, vu le peu d'espace qu'il occupe, être déposé dans un local destiné à tout autre usage. Les fruits se conservent bien dans cet appareil, et sont moins exposés à la gelée que ceux qui sont gardés à découvert.

La direction et l'inspection de la fruiterie reviennent de droit à la ménagère. Elle aura seule la clef de ce local, qu'elle tiendra toujours bien fermé, et y fera de fréquentes visites, pour constater l'état des fruits. Ceux qui offrent un commencement de décomposition seront soigneusement enlevés ; on supprimera les parties gâtées, et le reste sera utilisé de manière ou d'autre.

On fait *sécher* certains fruits, et, s'ils perdent ainsi une partie des qualités qu'ils avaient à l'état frais, ils n'en constituent pas moins une précieuse ressource pour les ménages. Les raisins secs, les pruneaux, les figues, les dattes, les cerises, les poires et les pommes tapées forment d'excellentes provisions d'hiver, que d'ailleurs le commerce peut nous fournir en toute saison.

On *confit à l'eau-de-vie* les abricots, les cerises, les chinois (petites oranges vertes), les coings, les noix, les pêches, les poires, les prunes, le verjus, etc. On peut également les conserver dans le sirop de sucre, ou les convertir en compotes, confitures, conserves, gelées, marmelades, etc., ou bien encore en faire des liqueurs. Mais de plus longs détails nous entraîneraient dans le domaine de la confiserie et de la distillerie.

Les Fruits

Considérés sous le point de vue de l'agrément, les fruits captivent tous les sens à la fois. La variété de leurs formes et de leurs couleurs attire l'œil et le flatte ; leurs formes arrondies et gracieuses invitent la main à les toucher, à les cueillir ; les parfums suaves qu'ils exhalent charment l'odorat, l'appellent ; la délicatesse de leur chair satisfait le goût, chatouille l'appétit, l'excite et procure une véritable jouissance, passagère à la vérité, mais qui laisse un doux souvenir qu'un rien réveille, et que l'été et l'automne suivants ranimeront plus vivement.

Sous le rapport de l'économie rurale et domestique, les fruits sont un objet de grande importance ; sur eux repose la nourriture secondaire des habitants d'une bonne partie de la France durant une moitié de l'année.

S'ils ne fournissent pas à l'estomac autant de substances alimentaires que les graines et les racines, ils n'en sont pas moins très sains, fort agréables et des mieux appropriés aux divers âges de la vie ; leur goût parfumé, leur saveur variée à l'infini réjouissent le goût et causent de délicieuses sensations.

A. Thouin.

XXIV. — Jardin potager

La culture maraîchère ou potagère, en d'autres termes la culture des légumes, a lieu dans les jardins potagers, appelés aussi jardins maraîchers ou simplement *marais*, parce qu'ils ont été souvent établis sur l'emplacement de terrains marécageux desséchés et assainis.

Les plantes potagères se divisent, suivant leur durée, en *annuelles*, *bisannuelles* et *vivaces* (1). Beaucoup d'entre elles ne restent pas confinées dans l'enceinte des jardins ; on les cultive souvent en grand, dans les champs, surtout au voisinage des grands centres de population.

Parmi celles-ci, les unes ne cessent pas d'être destinées à la nourriture de l'homme ; tels sont les *artichauts*, les *asperges*, les *fraises*, etc. ; les autres peuvent servir aussi

---

(1) Nous avons expliqué précédemment les mots *bisannuelles* et *vivaces*. Nous engageons néanmoins nos lectrices à recourir à leur dictionnaire pour la signification exacte de certains termes scientifiques.

à l'alimentation du bétail ou à des usages industriels ; telles sont les *betteraves*, les *carottes*, les *pommes de terre*, ainsi que les *courges*, les *choux* et quelques autres, désignées sous la dénomination collective de *gros légumes*.

Tantôt les plantes potagères entrent entières ou presque entières dans la consommation, tantôt c'est seulement telle ou telle de leurs parties. Ceci nous fournit la base d'une répartition des nombreuses plantes potagères en groupes assez naturels et qui concordent souvent avec les familles végétales. On appelle *légumes-racines* les espèces dont la racine sert à l'alimentation ; telles sont : la *carotte*, la *betterave*, le *panais*, le *chervis* (sorte de *salsifis*), le *cerfeuil bulbeux* ou mieux *tubéreux*, le *salsifis*, la *scorsonère* ou *salsifis noir*, l'*igname*, le *navet* la *rave*, le *radis*, le *céleri-rave*, etc.

Les légumes tubéreux ou tuberculeux sont ceux dont on consomme les tubercules, sortes de rameaux souterrains et renflés, qu'il ne faut pas confondre avec les vraies racines ; nous trouvons dans ce groupe la *pomme de terre*, le *topinambour*, la *patate*, l'*oca*, le *terre-noix*, etc.

Les plantes bulbeuses ou à oignons sont ainsi nommées parce qu'elles produisent des bulbes ou oignons comestibles : ici se rangent l'*oignon* proprement dit, le *poireau*, l'*ail*, la *ciboule*, l'*échalote*, la *rocambole*, etc.

Il est des plantes dont on mange les jeunes pousses, avant leur complet développement ; l'asperge en présente l'exemple le plus familier. Le crambé sert aussi à cet usage dans quelques localités.

On nomme légumes herbacés, et, dans le langage populaire, *verdures*, les plantes dont on emploie surtout les feuilles, soit seules, soit avec les jeunes tiges ou rameaux ; nous citerons d'abord les *choux pommés, cabus*, de

Bruxelles, etc.; puis l'*épinard*, l'*oseille*, la *bette* ou *poirée,* etc.

Les salades forment une division dans ce groupe ; elles comprennent les *laitues* proprement dites, les *romaines,* les *chicorées,* la *scarole,* le *céleri,* la *mâche,* le *pissenlit,* la *raiponce,* le *pourpier,* etc.; il faut y ajouter le *cresson,* que l'on cultive dans des fossés inondés.

Quelques plantes potagères sont cultivées pour leurs fleurs, ou du moins pour leurs organes floraux ; on peut citer l'*artichaut,* le *chou-fleur,* le *brocoli,* etc.

D'autres nous donnent leurs fruits ; qui ne connaît ceux de la famille des cucurbitacés, le *melon,* la *pastèque,* la *citrouille,* la *courge,* le *potiron,* le *giraumon,* le *concombre,* qui, lorsqu'il est encore peu développé, se nomme *cornichon ?* La famille des solanées fournit aussi des fruits légumiers très estimés, entre autres l'*aubergine,* la *tomate* et le *piment.* Le *maïs* peut encore être rangé dans cette catégorie ; ses épis, quand ils sont jeunes, sont considérés comme légumes.

Le *fraisier,* qui nous procure un de nos meilleurs fruits de dessert, n'est en réalité, comme végétation et comme culture, qu'une plante potagère, dont quelques variétés se trouvent dans les jardins ; mais les plus productives occupent ordinairement des champs plus ou moins étendus, et, grâce à l'énorme consommation qui s'en fait, elles constituent souvent la source de gros revenus.

On remarque encore, dans cette catégorie, les plantes dites *à cosses* ou à *gousses,* comprenant les haricots, les pois, les lentilles, les fèves, les pois-chiches, les gesses, les doliques, les lupins, etc. On mange quelquefois les gousses entières de ces plantes, quand elles sont encore jeunes et tendres, comme les haricots verts, mais le plus souvent leurs graines, qui font partie des légumes secs.

Sous le nom général de *fournitures*, on désigne un certain nombre de plantes qui, par elles-mêmes, n'offriraient qu'une médiocre ressource comme aliment, et dont l'utilité principale est de servir d'assaisonnement, pour relever la saveur des salades et d'autres mets. Nous citerons, entre autres, le persil, le cerfeuil, la pimprenelle, l'estragon, le nasitor, la civette ou ciboulette, etc.

Les Maraîchers de Paris

A l'époque où toutes les professions étaient divisées en maîtrises, les jardiniers formaient une communauté : celle des jardiniers de Paris remonte à 1473, date de leurs statuts les plus anciens. On remarque qu'à diverses époques, et surtout à chaque nouvel avènement, il y eut une nouvelle confirmation de ces statuts. En 1545, ils furent confirmés à son de trompe.

En 1776, époque où cette communauté fut supprimée, il y avait à Paris douze cents maîtres. On les appelait *maraîchers*, *maragers* et *préoliers*; ce dernier nom appartenait exclusivement aux maîtres.

Alors les jardiniers étaient mal logés, mal vêtus : ils portaient à dos leurs légumes à la Halle, et tiraient l'eau de leurs puits à la corde et à force de bras. Bien que les frais d'établissement fussent loin d'être aussi élevés qu'aujourd'hui, ils vivaient péniblement ; c'est qu'alors, tout en travaillant beaucoup, ils étaient loin de tirer un aussi bon parti de leurs marais qu'on le fait à notre époque.

Aujourd'hui ils sont assurés, avec de l'intelligence et de l'assiduité, de vivre honorablement. Il est vrai de dire que, s'ils sont plus heureux qu'autrefois, c'est qu'ils travaillent avec plus d'intelligence.

Le premier soin du maraîcher qui songe à s'établir est de

se marier ; car, plus que tout autre établissement, celui du maraîcher a besoin d'une femme pour prospérer : si l'homme cultive le marais et le fait produire, la femme seule sait tirer parti des récoltes. Mais les maraîchers ne vont guère chercher une femme en dehors de leur profession ; ils choisissent toujours la fille d'un de leurs confrères ; il y a peu d'exemples qu'un mariage se soit fait autrement. En cela ils ont raison, car il faut être né dans cette profession pour en supporter les fatigues. On pourrait dire que les maraîchers ne forment qu'une seule et même famille ; aussi voit-on jusqu'à quatre cents convives réunis pour fêter une solennité nuptiale. Après leur mariage, livrés tout entiers à leurs travaux, pour eux l'horizon ne s'étend pas au delà de leurs jardins.

Le maître et la maîtresse, les enfants, les filles et les garçons à gages mangent ensemble à la même table, ce qui rappelle les mœurs patriarcales ; aussi trouve-t-on plus de moralité parmi les maraîchers que dans les autres classes laborieuses. Le maître ne traite jamais ses ouvriers avec hauteur ou dureté ; sa conduite envers eux est généralement pleine de bienveillance.

COURTOIS-GÉRARD.

XXV. — Culture des légumes

La disposition générale des terrains consacrés à la culture maraîchère présente quelques différences suivant qu'on a pour but d'obtenir de gros légumes, ou des produits ordinaires, ou enfin des primeurs. Mais, dans tous les cas, il faut leur donner les labours préalables et les entourer d'une bonne clôture.

Le terrain doit être dans une situation bien aérée et découverte, mais abritée contre le vent, assez basse sans être trop humide, présentant une pente douce à l'est ou l'ouest, mais surtout à portée de l'eau, ou du moins offrant la facilité de s'en procurer abondamment, en creusant des puits.

Le jardin, de forme aussi régulière que possible, est divisé par grands carrés, séparés par des chemins assez larges pour faciliter les transports, et se coupant à angle droit. Ces carrés sont subdivisés en planches parallèles longues et étroites, séparées par de petits sentiers, plus élevés dans les terrains secs, plus bas dans les sols humides. On y plante peu d'arbres.

L'assolement d'un jardin maraîcher est de la plus haute importance. A Paris et aux environs, il est si bien entendu, que le sol ne reste presque jamais inactif, et que dans le cours d'une année on obtient en général trois récoltes, et souvent jusqu'à six, sur la même planche.

Pour obtenir ces remarquables résultats, il faut prodiguer la main-d'œuvre, l'eau et les engrais. La culture maraîchère emploie surtout le fumier, de préférence ceux de ache ou de cheval ; le terreau, ou partie la plus consommée des couches ; et le paillis, fumier court qui provient des vieilles couches, des réchauds ou des meules à champignons.

On peut utiliser aussi l'engrais humain désinfecté, le fumier de mouton, les épluchures de légumes, les mauvaises herbes provenant des sarclages, en un mot une foule de substances animales ou végétales, que trop souvent on laisse perdre et dont on pourrait faire de très bons composts.

Nous avons déjà parlé des labours, des arrosements, des semis et des autres moyens de multiplication, ainsi que des binages, des sarclages et des buttages. Nous devons ajouter quelques détails, qui concernent spécialement le potager.

Comme le terrain est rarement inoccupé dans les jardins maraîchers bien conduits, il n'y a pas d'époque fixe pour les labours. Dès qu'une planche est libre, on la met immédiatement en état de recevoir une autre culture. Toutefois, les labours d'automne et d'hiver ont une importance toute particulière et doivent être plus profonds, car c'est alors que l'on enterre les fumiers.

Il arrive souvent que les semis, surtout quand ils ont été faits à la volée, sont trop drus ou trop serrés dans un endroit, et au contraire trop clairsemés dans un autre. Dans le premier cas, on éclaircit, c'est-à-dire qu'on enlève les plants qui sont de trop, et dans le second on repique ou on replante de jeunes sujets, pour rétablir l'égalité.

Dans la petite culture, on a quelquefois besoin d'abriter de jeunes semis contre les vents, les fortes pluies ou les autres accidents atmosphériques, tout en permettant le libre accès de la lumière et de la chaleur solaires. Dans ce cas, on se sert de cloches en verre, terminées par un bouton ; quand on veut opérer en grand, on se sert de châssis vitrés.

Le semis étant le moyen le plus ordinaire de multiplication pour les plantes potagères, il importe d'avoir toujours des graines de bonne qualité. Le meilleur moyen d'en obtenir de telles, c'est de les produire autant que possible soi-même, sauf à recourir au commerce dans les cas exceptionnels et quand on ne peut pas faire autrement.

Pour arriver à ce résultat, on doit réserver, sur chaque planche, les sujets les plus beaux et les plus vigoureux, et les laisser arriver à leur complet développement ; c'est ce qu'on appelle des *porte-graines*.

On appelle *cultures forcées* celles dans lesquelles des

moyens artificiels, dus à l'intervention de l'homme, viennent s'ajouter à l'action des causes naturelles.

Ces cultures ont pour but, tantôt d'obtenir des produits avant l'époque assignée à ceux que fournissent les procédés ordinaires, en d'autres termes, des *primeurs;* tantôt de cultiver des plantes des pays chauds, qui ne pourraient fructifier, ni souvent même végéter dans nos climats. Pour obtenir ce double résultat, la première chose à faire est d'activer la végétation par l'emploi de la chaleur artificielle.

Divers moyens sont employés pour procurer aux végétaux la température élevée qui leur est nécessaire pour suppléer à l'action du climat. Le plus simple consiste dans l'usage des couches; on appelle ainsi des amas réguliers de fumier neuf, dont la fermentation produit une chaleur assez considérable pour imprimer à la végétation une vigueur exceptionnelle. Quand cette production de chaleur vient à se ralentir, on la ranime en mettant entre les couches du fumier neuf, qu'on appelle *réchaud*.

La culture forcée réussit bien mieux encore quand on la pratique dans des bâches ou des serres spécialement destinées à cet usage.

Les Primeurs

Le désir de multiplier leurs jouissances peut engager tous les hommes à se procurer des primeurs; mais la vanité ou le plaisir de montrer sur sa table des objets rares et d'un grand prix détermine bien plus puissamment leur production que la gourmandise. Aussi, n'est-ce que dans les pays très riches, autour des grandes villes, qu'on se livre généralement à l'art de les faire naître. Il se vend plus de primeurs dans les marchés d'Angleterre que dans ceux de France, plus dans ceux de Paris que dans ceux de la Vienne.

Quelques personnes ont blâmé la culture des primeurs, sous le prétexte que ses résultats n'étaient pas aussi savoureux que ceux produits naturellement; mais parce qu'un raisin n'est pas aussi bon en mai qu'en octobre, s'ensuit-il qu'il ne soit pas agréable de le manger ? D'ailleurs cette infériorité des fruits et des légumes crûs artificiellement n'est pas aussi générale qu'on le dit. Les petits pois de primeur ne sont-ils pas meilleurs que les autres ? De plus, c'est très souvent la faute du cultivateur si ces primeurs sont moins bonnes ; par exemple, lorsqu'on ne leur donne pas assez d'air, assez de lumière, qu'on emploie des terreaux encore peu décomposés, qu'on leur prodigue trop l'eau, etc.

C'est véritablement dans la production des primeurs que l'art du jardinage se montre dans tout son éclat. C'est par leur moyen qu'on retire d'un terrain le plus grand produit possible. Elle donne lieu à la formation d'un grand nombre d'excellents jardiniers, et fournissent des moyens d'existence à beaucoup d'hommes dans les lieux où elles sont recherchées. Qui oserait dire jusqu'où cette branche d'industrie peut être portée ?

Le goût des primeurs, loin de diminuer, augmente tous les jours, et quoique son excès puisse devenir un mal, je suis loin de croire qu'il faille le proscrire. Le bonheur général et les moyens d'existence de beaucoup de particuliers s'y rattachent. La science agricole y gagne beaucoup, car toutes les opérations qui les ont pour objet sont de véritables expériences, et telle anomalie observée par un homme accoutumé à réfléchir a contribué à soulever un coin du voile que la nature a mis sur ses opérations.

On a avancé que les légumes, les fruits hâtifs étaient moins savoureux que ceux qui avaient crû et avaient mûri à l'époque fixée par la chaleur du climat où ils se trouvaient. J'ai répondu à cet objection.   BOSC D'ANTIC.

XXVI. — Conservation des légumes

Comme les légumes ne peuvent pas toujours être livrés à la consommation ou au commerce au moment même où l'on vient de les récolter, il importe de savoir les conserver, sans qu'ils perdent sensiblement de leurs qualités, pendant un temps plus ou moins long.

Cette précaution, indispensable surtout pour les légumes qu'on est forcé d'arracher ou de couper avant l'hiver, parce qu'ils seraient détruits par les gelées si on les laissait en pleine terre, permet d'en avoir sous la main à tout moment et quelque temps qu'il fasse.

Dans les petits jardins, on conserve les légumes d'hiver dans une petite cave, ou dans une pièce du rez-de-chaussée, à côté de l'habitation du jardinier. Dans les grands, on a une serre à légumes, placée dans le sous-sol de cette habitation même, et mieux encore au-dessous d'une terrasse, ou de l'orangerie ou de la serre froide.

Quel que soit le local affecté à cette destination, il doit être abrité contre la gelée, exempt de tout excès d'humidité, enfin de dimension telle, que les légumes n'y soient ni trop serrés ni trop espacés.

La meilleure disposition consiste en un sous-sol ayant une voûte bien construite, un ou deux soupiraux pouvant servir à renouveler l'air à volonté, et deux portes disposées de telle sorte que l'une soit toujours fermée quand on ouvre l'autre.

Quelques plantes légumières, telles que les chicorées, les choux cabus, les choux-fleurs, doivent être tenues debout, dans la position qu'elles occupaient au jardin; on les plante dans du sable pur ou, à défaut, dans de la terre sèche. Elles ne doivent pas se toucher entre elles, sinon elles seraient plus disposées à se gâter.

Les racines longues (betteraves, carottes, panais) peuvent être placées de la même manière, ou bien couchées les unes sur les autres, les feuilles en dehors, en lits séparés par du sable ou de la terre. C'est aussi cette dernière disposition qu'on adopte pour les racines courtes et les tubercules (raves, pommes de terre, topinambours).

On peut planter assez rapprochés dans la serre les céleris, les cardons, la poirée à cardes et quelques autres plantes analogues, en ayant soin de prendre les précautions que nous venons d'indiquer.

La température, dans une serre à légumes, ne doit guère dépasser cinq degrés au-dessus de zéro ; si elle s'élevait à dix degrés, les plantes pourraient pousser et perdre en tout ou en partie, leur qualité et leur utilité. Il n'y a d'exception que pour la chicorée sauvage.

Un jardinier soigneux doit donc visiter, au moins deux fois par semaine, la serre à légumes, et enlever purement et simplement ceux qui commencent à se gâter et pourraient faire gâter les autres si on les y laissait.

Comme il est bon de renouveler l'air de temps en temps, pour chasser l'humidité et l'odeur de renfermé, on ouvrira les portes et les fenêtres quand la température descend assez bas, mais sans aller jusqu'à la gelée. Grâce à ces soins, on peut conserver les légumes jusqu'à une époque assez avancée du printemps, et attendre ainsi l'arrivée des nouveaux produits maraîchers.

Pour une conservation plus prolongée, qui permette de transformer les légumes en denrées commerciales ou d'en faire des provisions pour la navigation au long cours, on a imaginé divers procédés industriels, qui ont pour base la dessiccation et la compression.

La dessiccation seule ne donne que de médiocres résultats ; les légumes ainsi préparés tiennent beaucoup de place, présentent une large surface à l'air humide, et par suite sont très sujets à s'altérer.

Il n'en est pas de même de la compression pratiquée sur des légumes rapidement desséchés par des courants d'air chauffé modérément. Les masses de légumes les plus volumineux, les plus charnus, les plus aqueux sont transformés ainsi en des sortes de briques sèches, compactes, se conservant bien et d'un transport très facile.

Lorsqu'on veut se servir de ces légumes comprimés, il suffit de les plonger pendant quelques heures dans l'eau tiède ou même froide ; ils reprennent ainsi la forme et la consistance qu'ils avaient primitivement, et on peut les préparer comme les légumes frais.

Dans les ménages, on a beaucoup de petits procédés pour conserver les légumes, ou tout au moins leurs éléments essentiels. On confit les haricots verts dans l'eau salée, les câpres et les cornichons dans le vinaigre ; on réduit les tomates en pulpes ; les choux deviennent de la choucroute, et on fait une préparation analogue avec les potirons. Il est inutile de parler des légumes secs, fèves, pois, haricots, etc.

Fèves et Lupins

La *fève* paraît être originaire de la Haute-Afrique, puisqu'elle fut apportée en Égypte par les premières colonies éthiopiennes qui vinrent s'y établir. L'usage de ses graines était si commune chez les anciens Égyptiens, qu'aux heures des repas on les vendait, bouillies et chaudes, sur les marchés et dans les rues des villes. Cette pratique s'est, du reste, conservée parmi les habitants actuels de l'Égypte, et les caravanes, avant de traverser le désert, ont soin de faire provision de fèves pour la nourriture des hommes et des chameaux. Les Égyptiens et les Grecs mangeaient aussi les gousses vertes de la plante, et ils sont imités en cela par les Italiens modernes. Dans les années de disette, les Romains ajoutaient au pain de la farine de fèves.

Le gâteau des rois renferme ordinairement une de ces semences, et la royauté momentanée du festin est décernée par le sort à celui qui trouve cette fève dans sa portion.

Les Romains faisaient un grand usage des fèves ; elles tenaient le premier rang parmi les légumes. Le grand-prêtre de Jupiter ne pouvait en manger parce qu'elles étaient de sinistre présage.

Pythagore prédisait à ses disciples de s'en abstenir. Un préjugé absurde voulait qu'elles servissent de demeure à l'âme des morts. Les anciens, qui cherchaient à lire dans les astres, cherchaient aussi à lire sur les fleurs. On trouvait sur celles qui sont tachetées de noir certains caractères de triste augure.

Le *lupin* était le mets favori des philosophes grecs, et surtout des Cyniques, qui en portaient habituellement sur eux. On le vendait cuit sur les places de Rome, et les gastronomes les plus fameux ne dédaignaient pas de le faire servir sur leurs tables, malgré le luxe effréné qui y présidait ordinairement. Les généraux à qui on accordait les honneurs du triomphe, les citoyens qui aspiraient au pouvoir, faisaient distribuer au peuple des graines de lupin ; de semblables distributions avaient lieu par le soin des édiles, à l'occasion des fêtes publiques.

On préparait avec leur farine un pain que l'on offrait aux dieux mânes ; dans les représentations théâtrales, ces semences tenaient lieu d'argent monnayé ; enfin, en Asie et en Égypte, elles formaient l'étalon d'un poids qui portait leur nom.

D. Millot.

XXVII. — Plantes médicinales

Le règne végétal fournit à l'homme un grand nombre de remèdes ; les uns ne se trouvent guère que dans les pharmacies, et, comme leur emploi exige beaucoup de prudence, ils ne peuvent être administrés que par un homme de l'art ; les autres sont à la portée de tout le monde et entrent naturellement dans la médecine usuelle.

Les personnes qui habitent la campagne, et qui sont souvent éloignées des villes, auraient souvent bien du chemin à faire et bien du temps à perdre pour aller trouver le pharmacien ou l'herboriste. Il leur importe donc de connaître les plantes médicinales que l'on trouve dans le pays ou qu'on peut cultiver dans son jardin. Elles auront toujours ainsi sous la main des remèdes simples et sûrs pour guérir ou au moins atténuer les maladies peu dangereuses qui attaquent l'homme ou le bétail.

Quelques-unes de ces plantes sont bien meilleures employées à l'état frais : raison de plus pour les avoir à sa disposition. Quant aux autres, qu'on emploie sèches, on trouvera toujours le temps le plus convenable pour les récolter et les préparer.

Les plantes médicinales, comme toutes les productions naturelles, se distinguent en *indigènes* et *exotiques*. Les premières comprennent essentiellement celles qui croissent dans nos climats, à l'état sauvage ou spontané, et, par extension, les espèces qu'on peut cultiver en plein air dans nos jardins. Les secondes, habitant des régions plus ou moins éloignées, ne peuvent, la plupart du moins, être cultivées qu'en serre chaude, et ne se trouvent guère que dans les jardins botaniques, où d'ailleurs elles perdent en grande partie les vertus qu'elles ont à l'état de nature.

Les espèces indigènes, les plus intéressantes à connaître, sont assez nombreuses pour suffire à presque tous nos besoins ; elles ne se comportent pas de la même manière dans nos cultures : les unes conservent leurs propriétés, qui s'affaiblissent ou se perdent au contraire chez les autres.

Les premières sont les plantes qui, renfermant beaucoup d'eau et de mucilage, servent à calmer, adoucir, rafraîchir ou relâcher les organes malades et irrités. Les secondes sont celles qui, plus riches en principes actifs et énergiques, ont pour effet d'exciter, de fortifier, de resserrer les organes affaiblis, paresseux ou ramollis.

Au point de vue de leurs propriétés générales et de l'action qu'ils produisent sur l'économie, les remèdes tirés du règne végétal forment des groupes très nombreux et qu'il serait trop long de passer en revue ; on peut d'ailleurs les ramener à cinq divisions principales.

Les *émollients* relâchent ou ramollissent en quelque sorte les tissus : tels sont le bouillon-blanc, la bourrache, le chiendent, la consoude, la guimauve, le lin, la mauve, la pariétaire, la violette, etc.

Les *tempérants* calment les mouvements maladifs sans exciter les organes : telles sont la belladone, la ciguë, l'épine-vinette, la jusquiame, la morelle noire, le pavot, la réglisse, la stramoine, etc.

Les *toniques* fortifient les organes affaiblis, dont ils relèvent le *ton*, suivant l'expression scientifique ; tels sont l'absinthe, la bardane, la camomille romaine, la chicorée sauvage, la douce-amère, la fumeterre, la gentiane, la germandrée, le houblon, la petite centaurée, la patience, le pissenlit, la saponaire, le trèfle d'eau, la matricaire, la scabieuse, la scorsonère, la pensée sauvage, la valériane, etc.

Les *astringents* augmentent le ton des organes, resserrent les tissus relâchés, et diminuent l'écoulement de la salive, de la sueur et des autres sécrétions : tels sont l'aigremoine, la benoîte, la bistorte, la bugle, la pervenche, la ronce, la rose de Provins, la scolopendre, la tormentille, etc.

Les *excitants* élèvent au plus haut degré l'action ou les mouvements des organes affaiblis : tels sont l'anis, l'angélique, le céleri, le cresson, la mélisse, la menthe poivrée, la tanaisie, la pivoine, le safran, la sauge, la rhubarbe, le nerprun, la lavande, le thym, etc.

La culture des plantes médicinales n'a pas seulement un résultat d'économie domestique; celle de certaines espèces devient assez lucrative au voisinage des villes, où l'on en trouve le placement assuré chez les débitants.

Il ne faut pas perdre de vue que plusieurs de ces plantes ont des propriétés énergiques qui en font, à haute dose, des poisons violents. Tels sont l'aconit, l'anémone des bois, les renoncules, la clématite, la digitale pourprée, les ciguës, le pavot, la jusquiame, la belladone, la stramoine, l'ellébore, le garou, le tabac, etc.

Les Plantes indigènes

N'est-ce point un immense avantage pour nous que les plantes indigènes se trouvent autour de nous à chaque pas que nous faisons dans les campagnes, les forêts, sur les montagnes, ou le long des rivières qui nous avoisinent ? Nous pouvons les recueillir dans les lieux où l'expérience nous a appris qu'elles possédaient plus de propriétés ; nous les pouvons choisir dans la saison la plus convenable, les employer récentes ou séchées depuis peu de temps. Elles sont d'ailleurs beaucoup mieux connues; il n'y a pas d'intérêt à les sophistiquer, enfin à les substituer l'une à l'autre comme les produits médicamenteux exotiques, parce que le prix en est toujours peu élevé ; en sorte que si, sous ce dernier rapport, elles doivent former presque exclusivement la matière médicale des pauvres, sous tous les autres on doit s'efforcer d'en étendre l'emploi à toutes les classes de la société, et restreindre celui des exotiques aux cas qui les exigent impérieusement. La botanique médicale indigène est donc bien évidemment le moyen le plus important de la thérapeutique ; sans elle le médecin des campagnes serait chaque jour arrêté dans sa pratique.

A. GAUTIER.

CHAPITRE IV

LES FLEURS

XXVIII. — La Floriculture

La *floriculture,* en prenant ce terme dans son acception la plus rigoureuse, est la culture des fleurs, ou, pour mieux dire, des végétaux qui produisent de belles fleurs. Mais, dans la pratique, on étend la signification de ce mot, et il sert à désigner la culture de toutes les plantes qui servent à la décoration de nos jardins ou de nos habitations.

Du reste, dans le langage populaire, le mot *fleur* lui-même est appliqué à beaucoup de plantes ornementales qui sont dépourvues de véritables fleurs. La floriculture constitue donc le jardinage d'agrément, comme la culture des fruits et des légumes forme le jardinage de produit.

Quand bien même les fleurs ne seraient que des objets de luxe, on devrait en tout cas y reconnaître un luxe honnête et sans danger. Mais elles donnent lieu aussi à un grand mouvement commercial, qui réagit sur des industries accessoires. L'état prospère de la floriculture est un des indices du degré de civilisation et de richesse d'un pays.

Cette culture emploie un personnel immense, depuis le

voyageur qui parcourt les contrées lointaines pour en rapporter des espèces nouvelles, jusqu'au revendeur qui fait son petit étalage devant sa porte ou au marché aux fleurs.

Aujourd'hui le goût des fleurs et des plantes d'agrément est très répandu, et le nombre déjà considérable des espèces et variétés cultivées va tous les jours augmentant.

Si la fleur proprement dite est en général ce qui flatte le plus la vue dans la plupart des espèces, d'autres mérites peuvent imprimer à une plante le caractère ornemental qui la fait rechercher et introduire dans les jardins d'agrément.

Ainsi, telle espèce se recommande par l'élégance ou la majesté de son port ; telle autre par l'ampleur, l'aspect ou la teinte de son feuillage ; telle autre encore par le volume, la forme ou la couleur de ses fruits. Il en est qui plaisent surtout par l'odeur agréable qu'elles exhalent.

Bien des végétaux attirent notre attention par leur rareté, ou par la bizarrerie de leur végétation. Il en est d'autres que nous aimons pour les souvenirs historiques, légendaires ou simplement personnels qu'ils nous rappellent.

Il n'est pas, à vrai dire, une seule plante qui ne soit apte à jouer un certain rôle décoratif ; les herbes les plus vulgaires, les plus humbles gramens forment les gazons et les pelouses qui contribuent à l'agrément des parcs et des jardins, tandis que les plus chétives mousses parent la nudité des rochers ou des vieux troncs d'arbres, et que des espèces presque insignifiantes animent l'aspect monotone des pièces d'eau.

Mais le nombre des plantes est si grand qu'on ne saurait songer à les introduire toutes dans nos jardins, même dans les jardins botaniques les plus importants. Il est donc tout naturel qu'on fasse un choix entre elles, et qu'on adopte seulement les plus belles, ou comme on dit, les plus méritantes.

Comme nous l'avons dit, on appelle plantes *indigènes* celles qui croissent naturellement dans nos contrées ; *exotiques*, celles qui viennent des pays étrangers. Parmi ces dernières, il en est qui, une fois introduites dans nos cultures, y végètent parfaitement en plein air, s'accommodent de notre climat, mûrissent leurs graines et se propagent comme les indigènes ; on dit alors qu'elles sont naturalisées. En général, une espèce soumise à la culture produit plusieurs variétés.

Les espèces végétales qui entrent dans l'ornementation des jardins sont presque innombrables ; pour la commodité de l'étude, comme aussi pour les besoins de la pratique culturale, il y a avantage à les diviser. On peut le faire de plusieurs manières, suivant le point de vue où l'on se place.

D'abord, il y a la classification botanique naturelle. En général, les espèces appartenant à une même famille végétale présentent la plus grande analogie, non seulement dans leurs caractères, mais aussi dans leur mode de végétation et de culture et leur emploi horticole.

Si nous nous attachons à la structure même, à l'organisation des végétaux, nous pouvons les répartir en deux grandes catégories : les espèces *herbacées*, offrant des organes et des tissus plus ou moins mous, charnus, aqueux, et comprenant les plantes annuelles, bisannuelles et vivaces ; et les plantes *ligneuses*, dont la tige et les rameaux présentent la consistance du bois, et qui renferment les arbres, arbrisseaux et arbustes.

Toutes les plantes rentrent dans l'une des divisions ou subdivisions précédentes. Toutefois, on a établi depuis longtemps plusieurs groupes secondaires et bien caractérisés, qui répondent à des destinations spéciales.

C'est ainsi qu'en parcourant les catalogues de nos grands établissements horticoles, nous trouvons les plantes *bulbeuses* ou oignons à fleurs, les plantes *grimpantes*, les plantes *grasses*, les plantes *aquatiques*, les plantes *pour bordures*, les plantes *pour l'ornement* des rocailles, les plantes *odorantes* ou à parfums, les plantes à *feuillage coloré* ou *ornemental*, les plantes *d'appartement*, etc.

Si nous nous attachons surtout à leur tempérament ou, comme on dit en horticulture, à leur rusticité, nous diviserons les espèces végétales en plantes *de pleine terre*, ou mieux de plein air, et plantes *de serre*, qui se subdivisent elles-mêmes à leur tour en plantes d'orangerie, plantes de serre froide, tempérée, chaude, sèche ou humide.

Nous devons nous borner pour le moment à ces indications générales, nous réservant d'entrer en de plus longs détails sur ce sujet dans les leçons suivantes.

Quant aux procédés de multiplication par semis, boutures, éclats, marcotte, greffe, etc., nous ne pouvons que nous référer à ce que nous avons dit plus haut, sans entrer dans des développements qui ne sauraient intéresser que les horticulteurs de profession.

Expositions d'horticulture

Si les efforts des cultivateurs, des semeurs, des écrivains horticoles ont contribué puissamment aux progrès qui se sont accomplis depuis quelques années, il est un moyen plus puissant encore auquel il faut en attribuer le principal mérite. Nous voulons parler des expositions d'horticulture.

Les grands centres classiques du jardinage ont donné l'impulsion. A Bruxelles en 1864, à Amsterdam en 1865, se sont tenues les deux plus grandes solennités récentes de ce genre, et, à l'ombre de leurs exhibitions sans rivales, elles ont organisé des congrès scientifiques où se sont élucidées de nombreuses questions jusque-là obscures.

La Société centrale de Paris, elle aussi, a continué ce rôle bienfaisant.... Toutes ces fêtes sont salutaires et parlent vivement aux yeux du public.

Mais la province n'est pas restée en arrière du mouvement général. Le progrès se fait sentir partout, et partout se cueillent des palmes modestes qui, pourtant, placent haut la renommée de nos départements.

De toutes parts se multiplient les expositions... Applaudissons à ce triomphe innocent de l'horticulture.

Les expositions de nos chères provinces sont la vraie mesure des progrès accomplis dans le pays tout entier; de la réunion et du résultat de tant d'efforts nous pourrions construire un ensemble qui donnerait l'état exact de cette industrie en France. En effet, les exhibitions des grandes villes représentent la fantaisie opulente, les produits obtenus à prix d'or, les tours de force de la culture, les spécimens géants de plantes rares ; pour tout dire en un mot : le luxe de l'horticulture.

Au contraire, et c'est là pour nous son grand mérite, la modeste exposition de la petite ville est le signe véritable de l'avancement du jardinage dans les jardins d'alentour. Ici apparaît dans sa simplicité bourgeoise l'amateur peu riche, apportant avec joie et orgueil la plante qu'il a nourrie, dont il voit pour la première fois la fleur tant désirée ; c'est l'émulation féconde entre le jardinier du château et celui de la chaumière ; c'est en un mot l'expression fidèle de tous les efforts réunis, le rendez-vous de toutes les sages cultures, qui vont devenir le bien de tous, les grandes choses de la campagne.

Ed. André.

XXIX. — Le Parterre.

Nous appelons *parterre* ou *jardin fleuriste* un terrain consacré exclusivement, ou à peu près, à la culture des fleurs ; il est divisé en plates-bandes ou en corbeilles, dont la forme et la disposition varient beaucoup ; on y admet des rosiers, et quelques arbrisseaux ou arbustes peu élevés, mais jamais de grands arbres, qui, par leurs racines et par leur couvert, pourraient nuire à la végétation et à la floraison des plantes herbacées.

Les fleurs qu'on peut cultiver dans un parterre sont très nombreuses, et leur simple énumération serait déjà trop longue ; nous nous contenterons de citer les plus intéressantes et les plus aisées à cultiver.

Les plantes annuelles nous présentent l'*adonis d'été*, à fleurs rouge foncé ; l'*agérate* ou *célestine*, à capitules bleu de ciel ; les *amarantes*, à crêtes ou à grappes généralement pourpres ; les *balsamines*, bien connues ; la *belle-de-jour*, ou *liseron tricolore ;* la *belle-de-nuit*, à couleurs très variées ; les *centaurées*, dont une est appelée *bleuet ;* les *pavots* et les *coquelicots ;* les *coréopsis*, très élégants ; les *soleils*, à grands capitules jaune d'or.

Citons encore la *lavatère*, à grandes fleurs roses ou blanches ; le *lupin annuel*, à couleurs très variables ; les *nigelles de Damas* et *d'Espagne ;* le *pourpier à grandes fleurs*, le *phlox* de Drumond ; les *dauphinelles* ou *pieds-d'alouette ;* les *reines-marguerites ;* le *silène à bouquets ;* les *soucis ;* les *tagètes*, vulgairement *œillets d'Inde ;* la *pensée à grandes fleurs ;* les *valérianes rouge* et *corne d'abondance* ; le *chrysanthème des jardins ;* les *énothères* à fleurs jaunes ou pourpres ; *l'oxalis* à fleurs roses ; *l'ibéride* à ombelles, appelée aussi *thlaspi* ; les *zinnia*, etc.

Les plantes annuelles peuvent être semées de trois manières : en place, en pépinière ou sur couche. L'époque varie, depuis février jusqu'en juin, suivant les espèces, la température, le climat, la nature du sol. Quelques espèces à végétation très rapide et à floraison automnale peuvent même être semées jusqu'en août. On sème à l'automne les espèces dont on veut avancer la végétation ; en ce cas, c'est le plus souvent sur couche ou en pépinière. On repique les jeunes plants ; on les abrite pendant l'hiver sous des châssis ; enfin, au printemps suivant, on les met en place ou à demeure.

Passons aux plantes bisannuelles. Ici nous devons mentionner *l'agérate du Mexique,* à fleurs bleues ; les *campanules pyramidale* et *à grandes fleurs* ; la *coquelourde* ou *lychnis des jardins ;* la *cynoglosse argentée*, à fleurs rouges ; la *digitale pourprée,* très belle plante ; la *giroflée jaune* et celle *des jardins,* aux nombreuses variétés ; l'*huméa élégant,* à panicules rouge cuivré, d'un très bel effet ; la *mauve de Cree*, à fleurs roses ou rouge cinabre ; le *muflier des jardins,* vulgairement *gueule-de-lion,* très-riche en variétés ; l'*œillet de la Chine,* à grandes fleurs ; la *rose trémière de Chine* ; le *sainfoin d'Espagne* ou *à bouquets ;* la *verveine de Miquelon,* etc.

La plupart de ces plantes peuvent être semées depuis mai jusqu'en juillet et celles dont la croissance est rapide, depuis août jusqu'en octobre. On les abrite sous châssis pendant l'hiver, après les avoir repiquées ; il est même avantageux de les replanter en pots. Au printemps on les dépote, et on les plante à demeure, avec la motte de terre qui renferme leurs racines, à moins qu'on ne préfère les conserver en pots jusqu'à ce qu'elles aient fleuri.

Comme il est inutile qu'elles occupent le sol pendant deux ans, on les repique dans une pépinière d'attente.

Arrivons enfin aux plantes vivaces ; ici nous n'aurons vraiment que l'embaras du choix. Voici d'abord les *achillées* rose, dorée, mille-feuilles ; l'*adonis printanier*, à fleurs jaunes ; les *ancolies*, à couleurs très variées ; l'*anémone des fleuristes*, qui a fait les délices de nos pères, et celle *du Japon* ; les *asclépiades*, dont une espèce très-répandue est connue sous le nom vulgaire d'*herbe à la ouate* ; les *asters*, aux nombreuses espèces, dont les fleurs se succèdent depuis juillet jusqu'à la fin d'octobre ; la *buglose d'Italie*, à fleurs d'un beau bleu ; la plupart des *campanules* ; le *chrysanthème de l'Inde*, dont les variétés offrent les nuances les plus diverses.

Citons encore les *dahlias*, qu'on trouve aujourd'hui dans tous les jardins ; les *dauphinelles* ou *pieds-d'alouette* vivaces ; l'*éphémère de Virginie ;* l'*eupatoire pourpre* ; la *fraxinelle* ou *dictame blanc* ; les *géranium sanguin* et *à grandes fleurs* ; la *benoîte écarlate* ; l'*ellébore noir*, ou *rose de Noël*, qui fleurit en plein hiver ; la *berce branc-ursine* ; la *ketmie rose* ; le *lin vivace*, à fleurs bleues ou blanches ; la *lobélie cardinale* ; le *lychnis de Chalcédoine* ou *croix-de-Jérusalem*.

Nommons enfin la *matricaire mandiane* ; la *monarde pourpre* ; l'*œillet des fleuristes*, aux innombrables variétés, qu'on peut ramener à deux types principaux, les *œillets flamands* et les *œillets de fantaisie* ; les *phlox vivaces* ; la *pivoine officinale* et celle *de la Chine* ; la *renoncule des jardins* ; les *roses trémières*, qu'on ne saurait trop propager ; les *spirées herbacées* ; la *valériane rouge* ; la *verge d'or du Canada* ; le *tussilage odorant* ou *héliotrope d'hiver* ; la *véronique à épis*, etc.

La plupart des plantes vivaces se sèment en juin et juillet, mais plutôt en juin. On sème aussi en avril et mai celles dont le développement est lent; celles-ci peuvent fleurir dès la première année. D'autres, pour donner le même résultat, doivent être semées sur couche, depuis février jusqu'en avril. Il en est qu'il faut semer de juillet en octobre, mais qui ne donnent des fleurs qu'au bout de deux ou trois années. D'autres enfin réussissent mieux si on les sème vers la fin de l'hiver.

Les plantes vivaces se multiplient aussi d'éclats, de boutures et de marcottes, que l'on pratique à des époques qui varient suivant les espèces.

La Floraison

Quand les jeunes boutons des fleurs parent le front du printemps, la nature reprend sa palette et rend aux campagnes les brillantes couleurs que l'hiver avait effacées. Le sol est parsemé de ces grâces vivantes qui touchent le cœur et charment les yeux. Il n'est aucune fleur dans laquelle on ne découvre de mystérieuses beautés. Combien de fois ont-elles été personnifiées?

Que de formes variées, que de couleurs différentes, que d'appendices singuliers dans ces enveloppes, dans ces palais que nous offrent les fleurs épanouies! Qui donc peut être digne d'habiter ces somptueuses demeures, de vivre sous la pourpre, entouré d'or et de perles, sous des tentures qui défient les plus admirables imitations? Édifice d'un jour, d'une heure ou d'un instant! Mais la nature n'admet pas le temps, et chaque jour fait éclore pour les fleurs des palais éphémères.

Les fleurs qui viennent d'éclore et qui présentent aux premières lueurs du jour leurs tissus de neige ou de rose, nous rappellent ces esprits qui ont quitté la terre et qui, peut-être, comme les anges du ciel, jettent encore un regard sur nos riants vallons. Ces fleurs si pures, qui brillent un instant, nous retracent les traits de celles que nous avons aimées, car elles ont aussi un langage et un sourire.

HENRI LECOQ.

XXX. — Spécialités

Beaucoup de plantes qui pourraient rentrer dans l'une des trois divisions que nous venons d'étudier, présentent, dans leur mode de végétation, des caractères particuliers qui ont depuis longtemps engagé les horticulteurs et les amateurs à en faire autant de spécialités distinctes. Nous allons les passer sommairement en revue.

Les plantes *bulbeuses* sont celles qui présentent à leur partie inférieure un bulbe ou oignon formé de tuniques ou d'écailles charnues superposées, et accompagné en général de bulbilles ou oignons plus petits.

Les principaux genres sont : les *amaryllis,* dont une belle espèce est vulgairement nommée *lis Saint-Jacques;* les *fritillaires damier* et *couronne impériale* ; le *perceneige* ou *galanthe d'hiver* ; les *glaïeuls*, notamment le *glaïeul de Gand;* les *hémérocalles*, dont une espèce est appelée *lis jaune ;* les *iris*, comprenant plusieurs espèces; les *jacinthes,* dont le coloris est si varié et le parfum si suave ; les *lis*, bien connus par l'espèce type à fleurs blanches ; les *narcisses*, dont une espèce porte le nom de *jonquille* ; la *tubéreuse,* à odeur très agréable ; les *tulipes*, dont les innombrables variétés présentent les nuances les plus diverses, etc.

Ces plantes sont généralement assez faciles à cultiver ; pour la plupart il suffit de mettre les bulbes en terre, à une profondeur proportionnée à leur grosseur, et de les arroser modérément ; il est même des oignons qui fleurissent sur la mousse humide, ou sur une carafe, pourvu que leur base plonge dans l'eau.

On les propage le plus souvent par bulbilles ou caïeux, et quelquefois par éclats. On peut aussi en semer les graines, et c'est le moyen qu'on emploie pour obtenir des variétés nouvelles.

Les plantes *grimpantes* sont celles dont les tiges et les rameaux grêles s'élèvent à une certaine hauteur, en s'attachant aux corps voisins, ou s'enroulant autour d'eux. On les divise en trois groupes principaux :

1º Les espèces annuelles, ou cultivées comme telles : *aristoloche toujours verte, cobœa, coloquintes, concombres, courges, doliques, haricots, liserons, capucines*, etc. ;

2º Les espèces vivaces : *bryone, liserons, igname, houblon, tamier, capucine, tubéreuse*, etc. ;

3º Les espèces ligneuses : *aristoloche siphon, clématites, bignones, glycine, lierre, jasmin, chèvrefeuilles, passiflores, rosier Banks, smilax, vignes*, etc.

Ces végétaux se propagent et se cultivent comme à l'ordinaire. On les emploie pour couvrir les berceaux, les tonnelles ; pour garnir les murailles nues, les vieux troncs d'arbres, etc. Leur place est ainsi naturellement indiquée. Quand on veut les cultiver isolément, il faut leur donner un tuteur ou support, autour duquel ils puissent s'enrouler, ou bien les faire grimper le long de fils de fer, dont on varie à volonté la direction et la disposition.

Les plantes *à bordures* sont, comme dimension, tout l'opposé des précédentes ; on ne choisit en effet, pour cet usage, que des végétaux de petite taille. Elles forment également plusieurs catégories, savoir :

1° Plantes annuelles : *campanule miroir-de-Vénus, giroflée de Mahon, linaire, lobélie érine, némophile, silène à fleurs roses*, etc. ;

2° Plantes vivaces : *alysse corbeille d'or* ou *thlaspi jaune, brunelle à grandes fleurs, cynoglosse printanière, hépatique trilobée, œillet mignardise, pâquerette, primevère, staticé* ou *gazon d'Olympe*, et surtout *violette odorante;*

3° Plantes bulbeuses : *ail doré, amaryllis jaune, crocus* ou *safran, narcisses*, etc.

On emploie aussi, comme bordures, certains arbustes, tels que les *rosiers nains*, le *lierre rampant*, et surtout le *buis* ; ce dernier doit être taillé ou tondu tous les ans avec de grands ciseaux, sans quoi il prendrait trop de développement.

Les plantes *alpines* sont celles qui croissent naturellement sur les montagnes ; on les emploie, dans les jardins, pour orner les grottes, les rochers naturels ou factices, les rocailles, etc. On les plante ou on les sème dans les interstices des pierres, et un peu de terre végétale leur suffit pour végéter.

Nous citerons, parmi les espèces herbacées, l'*alysse deltoïde*, l'*épimède des Alpes*, l'*iris d'Allemagne*, la *cymbalaire*, les *saxifrages*, les *pervenches*, les *fougères* ; et, parmi les arbrisseaux et arbustes, l'*airelle myrtille*, le *caprier*, le *chêne au kermès*, le *jasmin jaune*, le *lyciet*, le *millepertuis à grandes fleurs*, les *ronces*, etc. ;

Les plantes *grasses* sont caractérisées par l'épaisseur et la consistance charnue des tiges, des rameaux ou des feuilles ; telles sont les *joubarbes*, les *orpins*, les *pour-*

piers, les *ficoïdes*, les *cactus*, les *aloès*, quelques *euphorbes*, etc. Mais les premiers genres seuls sont de pleine terre.

Les plantes *à feuillage ornemental* n'ont pas besoin d'être définies. On les recherche depuis quelque temps dans les jardins, non pour leurs fleurs, mais pour leurs feuilles, qui produisent beaucoup d'effet, tantôt par leur ampleur et leur forme, tantôt par les riches couleurs ou les panachures dont elles sont diaprées.

Les plantes *aquatiques*, comme le nom l'indique suffisamment, vivent dans l'eau, ou tout au moins à son voisinage immédiat et dans un sol très humide. On en distingue plusieurs catégories.

Les unes sont complètement submergées ; nous citerons seulement les *naïades* et la *vallisnérie*. Les autres ont des feuilles qui flottent ou nagent à la surface de l'eau ; telles sont d'abord le *nymphéa*, à fleurs blanches, et le *nénuphar*, à fleurs jaunes, l'un et l'autre à grandes et belles feuilles ; puis l'*aponogéton*, le *calla des marais*, la *mâcre* ou *châtaigne d'eau*, la *renoncule aquatique*, la *villarsie*, etc.

On appelle plantes *émergées* celles qui ne baignent dans l'eau que par leur partie inférieure ; nous remarquerons, entre autres, le *roseau à balais*, le *butome* ou *jonc fleuri*, la *fléchière* ou *sagittaire*, le *ményanthe* ou *trèfle d'eau*, les *massettes*, les *rubaniers*, la *berle*, etc.

Il est aussi des plantes *amphibies*, qui peuvent croître indifféremment sur des sols inondés ou découverts, mais humides ; telles sont l'*alisma* ou *plantain d'eau*, le *populage*, la *consoude*, l'*épilobe rose*, l'*eupatoire*, l'*iris des marais*, la *lysimaque*, la *salicaire*, le *roseau à quenouilles*, etc.

La Violette

L'oiseau revient, le soleil brille.
Boutons de fleurs et bourgeons verts,
Te souriant, ô jeune fille,
Tout joyeux se sont entr'ouverts.

Déjà la fraîche pâquerette
A la brise livre son front.
Les pétales de l'indiscrète
Bientôt, flétris, s'effeuilleront.

De séduisantes grappes blanches,
Orgueil du printanier lilas,
Se bercent au sommet des branches...
Même sort les attend, hélas !

Plus timide, la violette
Dérobe au regard son trésor.
Vers Dieu, du fond de sa retraite,
Son chaste arome prend l'essor.

Ensevelie en son mystère,
Elle parfume nos chemins,
Elle ne sort de son sanctuaire
Que pour être utile aux humains.

N'est-elle pas comme la vierge,
Qui du cloître aspirant au ciel,
Garde sous le voile de serge,
Une âme humble, pure et sans fiel ?...

Pour toi chantent, dans la nature,
Des voix qui voudraient te charmer.
Suis celle qui dit : Sans parure,
La vertu sait se faire aimer.

Va dans le pré, dans la clairière,
Cueillir la violette en fleur ;
Chéris la simple conseillère...
Sois toujours sa modeste sœur.

Julia Fertiault.

XXXI. — Le Rosier

La *rose* est la reine des fleurs ; ceci est admis par tout le monde. Elle réunit en effet toutes les qualités, tous les mérites que l'on recherche dans ces gracieuses productions. Le rosier est donc le roi des arbustes ; à ce titre, il a droit à occuper dans les jardins une place des plus distinguées.

Le genre rosier est très nombreux en espèces ; celles que l'on trouve dans nos cultures sont au nombre de vingt-cinq environ. Elles ont produit des variétés et des hybrides, qui se comptent aujourd'hui par milliers.

Le *rosier sauvage* ou *églantier*, si commun dans nos haies, ne se recommande pas par la beauté de ses fleurs ; mais c'est celui que l'on préfère généralement comme sujet, pour recevoir la greffe des belles variétés ; aussi est-il cultivé en grand dans les jardins, mais plus particulièrement dans les pépinières.

Mentionnons rapidement le *rosier rouillé*, ainsi appelé à cause de la teinte que présente le dessous de ses feuilles ; le *rosier blanc*, souche de quelques variétés à nuances délicates ; le *rosier cannelle*, cultivé surtout pour son parfum ; le *rosier pimprenelle*, à fleurs très précoces ; le *rosier des Alpes*, charmante espèce, peu répandue dans les jardins, de même que la précédente ; les *rosiers velu* et *cotonneux*.

Le *rosier jaune* produit un bel effet, et serait plus recherché si son odeur était plus agréable ; il a produit, entre autres variétés, la rose capucine, jaune pâle en dehors, ponceau et veloutée en dedans. Le *rosier soufré* a donné naissance à la petite rose jaune citron, dite *pompon jaune*.

Le *rosier cent-feuilles* est l'espèce la plus remarquable ; c'est à ce type que se rapportent la célèbre rose des peintres, les roses pompon et les roses dites *mousseuses* ou mieux *moussues*.

Le *rosier de Provins* est presque le seul qui ait produit des variétés panachées ; c'est de lui que vient aussi la rose pompon de Bourgogne, dont on fait des bordures. Le *rosier de Francfort*, qui s'en rapproche beaucoup, a de grandes fleurs très nombreuses et d'un rose vif, mais s'ouvrant difficilement.

Mentionnons encore le *rosier de Damas*, belle espèce, employée surtout en parfumerie ; et le *rosier de Belgique*, appelé aussi rosier de Puteaux ou des quatre-saisons.

Le *rosier de Portland* ou rosier perpétuel, présente une variété admirable, la rose du Roi ; on le regarde aussi comme l'origine de quelques roses moussues et remontantes.

Les *rosiers* dits *hybrides* sont regardés comme résultant de croisements entre les rosiers de Portland et de Bengale. Ce sont des arbrisseaux remontants, c'est-à-dire fleurissant plusieurs fois dans le cours de l'année ; leurs fleurs, la plupart d'une odeur suave, présentent toutes les nuances du blanc carné (1) au pourpre noirâtre. On distingue surtout, dans cette série, la rose de la Reine.

Le *rosier de Bengale* donne toute l'année des fleurs assez petites et sans odeur. Les rosiers Laurence ou Ben-

(1) Blanc *carné*, blanc nuancé de couleur de chair.

gale pompon ont de charmantes petites fleurs, d'un rose vif et très remontantes. Cette espèce a produit deux types secondaires, les rosiers Bourbon et Noisette.

Le *rosier thé*, estimé à cause de l'odeur très douce de ses fleurs, a produit de nombreuses variétés, présentant des nuances très diverses de blanc, de jaune et de rouge.

Les rosiers sarmenteux ou grimpants comprennent plusieurs espèces : le **rosier toujours vert**, à feuilles persistantes, à fleurs blanches ou roses, groupées en corymbes ou en petits bouquets ; le **rosier multiflore**, assez semblable au précédent, mais qui ne fleurit qu'une fois dans l'année ; le **rosier Banks**, dont les rameaux, qui s'élèvent à une hauteur démesurée et sont dépourvus d'aiguillons, portent des corymbes de fleurs généralement blanches ; le *rosier musqué* ou *muscade*, etc.

La culture du rosier n'est pas difficile ; elle demande seulement quelques soins, dont on est largement récompensé par les brillants résultats obtenus.

Le sol qui convient aux rosiers est une terre franche, un peu fraîche, dont on entretient la fertilité en y ajoutant, de temps à autre, des engrais bien consommés.

On multiplie les rosiers par tous les procédés que nous avons précédemment décrits. Toutefois le semis n'est guère usité que chez les semeurs ou les rosiéristes de profession, qui désirent obtenir de nouvelles variétés. On sème les graines, aussitôt après leur maturité, soit en terrines, que l'on rentre en hiver sous chassis, soit dans une plate-bande exposée à l'est, et qu'on a soin de couvrir pendant les gelées.

Les rosiers produisent souvent des rejetons, qu'on enlève, pour les replanter à la fin de l'hiver ; pour peu qu'ils aient quelques racines, ils reprennent aisément.

Le rosier se multiplie très bien par marcottes ; mais les sujets choisis pour pieds-mères doivent être vigoureux, âgés de deux ans au moins et munis de bonnes racines.

Toutes les espèces se prêtent plus ou moins à la multiplication par boutures, qui se font, tantôt à l'air libre, tantôt sous cloches ou sous châssis.

Les rosiers de nos jardins se propagent presque tous par la greffe en écusson ; l'églantier est le sujet le plus fréquemment employé pour les rosiers à haute tige ; on choisit plutôt le rosier de Bengale ou celui des quatre-saisons, quand on ne veut obtenir que des touffes peu élevées. L'opération se fait le plus souvent en juillet ou en août.

La vigueur et la durée des rosiers dépendent de plusieurs causes, parmi lesquelles il faut citer en première ligne les soins qui ont présidé à la plantation. Il faut éviter de planter les sujets trop serrés, dans le but d'avoir une floraison plus abondante; car ils s'affameraient entre eux, languiraient et finiraient par succomber.

Dans le courant du mois de mars, on procède à la taille, qui doit être plus ou moins courte, suivant la vigueur des individus; pendant la végétation, on *pince*, en d'autres termes on coupe simplement avec les ongles l'extrémité des rameaux qui poussent trop vigoureusement; en tout temps, on enlève ceux qui croissent au bas ou le long de la tige.

Les rosiers fleurissent généralement au mois de juin; en enlevant quelques boutons sur les variétés remontantes, on entretient la floraison bien plus longtemps.

La Rose

Voyez-vous ! un parfum éveille la pensée.
Repliez, belle enfant par l'aube caressée,
Cet éventail ailé, pourpre, or et vermillon,
Qui tremble dans vos mains comme un grand papillon,
Et puis, écoutez-moi. Dieu fait l'odeur des roses
Comme il fait un abîme, avec autant de choses.
Celle-ci, qui se meurt sur votre front charmant,
  N'aurait pas ce parfum qui monte doucement
Comme un encens divin vers votre beauté pure,
Si sa tige, parmi l'eau, l'air et la verdure,
Dans la création prenant sa part de tout,
N'avait profondément plongé par quelque bout.
Pauvre et fragile fleur, pour tous les vents béante,
  Au sein mystérieux de la terre géante.
Là, par un long travail que Dieu lui seul connaît,
Fraîcheur du flot qui court, blancheur du flot qui naît,
Souffle de ce qui coule, ou végète, ou se traîne,
L'esprit de ce qui vit dans la nuit souterraine,
Fumée, onde, vapeur, de loin comme de près,
Non sans faire avec tous des échanges secrets,
Elle a dérobé tout : son calme à l'antre sombre,
Au diamant sa flamme, à la forêt son ombre...
Avec les bois, les champs, les nuages, les eaux,
Et l'air tout pénétré des chansons des oiseaux,
La racine, humble, obscure, au travail résignée,
Pour la superbe fleur par le soleil baignée,
A, sans en rien garder, fait ce parfum si doux
Qui vient si mollement de la nature à vous,
Qui vous charme et se mêle à votre esprit, Madame,
Car l'âme d'une fleur parle au cœur d'une femme.
Encore un mot, et puis je vous laisse rêver.
  Pour qu'atteignant au but où tout doit s'élever,

Chaque chose ici-bas prenne un attrait suprême,
Pour que la fleur embaume et pour que la vierge aime,
Pour que, puisant la vie au grand centre commun,
La corolle ait une âme et la femme un parfum,
Sous le soleil qui luit, sous l'amour qui fascine,
Il faut, fleur ou beauté, tenir par la racine,
L'une au monde idéal, l'autre au monde réel,
Les roses à la terre, et les femmes au ciel.

Victor Hugo.

XXXII. — Arbustes et arbrisseaux

Les végétaux ligneux jouent un grand rôle dans la décoration des jardins d'agrément. On en fait des allées, des avenues, des berceaux, des bosquets, des salles de verdure, ou bien on les plante isolés, pour jouir de leur aspect pittoresque. Dans tous les cas, ils présentent cet avantage qu'une fois plantés et repris, ils continuent à orner le jardin, grandissent tous les ans et n'exigent que peu de soins de culture et une légère taille.

Ceci ne s'applique, bien entendu, qu'aux espèces de plein air et de pleine terre, et non à celles qu'on plante en caisses ou en pots, pour les conserver dans les serres.

Dans l'emploi décoratif des végétaux ligneux, on doit tenir compte de leur dimension, surtout en hauteur. On les divise, sous ce rapport, en trois catégories principales.

L'*arbuste* ne dépasse guère la hauteur d'un mètre ; il se ramifie dès la base, mais ne porte pas de bourgeons écailleux. L'*arbrisseau* a une taille d'un à cinq mètres et se divise, le plus souvent dès la base, en rameaux pourvus de bourgeons écailleux. L'*arbre* s'élève à cinq mètres au moins, présente en général une tige nue à sa partie inférieure, et ne se ramifie qu'à une certaine hauteur.

Il n'y a pas de ligne de démarcation bien tranchée entre ces trois degrés de la végétation arborescente; il est souvent difficile de dire auquel des trois appartient un sujet. On distingue assez bien les arbres; mais, dans la pratique, on confond le plus souvent les arbustes et les arbrisseaux.

A un autre point de vue, les végétaux ligneux forment deux groupes bien distincts, suivant que leurs feuilles sont persistantes, ou qu'elles tombent tous les hivers ; nous nous occuperons d'abord de ces derniers.

Les arbustes et arbrisseaux d'ornement à feuilles caduques sont très-nombreux. Faisant un choix parmi eux, nous citerons la pivoine en arbre, originaire de la Chine; l'épine-vinette, assez commune dans nos haies ; la ketmie de Syrie, vulgairement *althæa*, et mieux nommée *hibiscus*; la lavatère arborescente, désignée, comme la précédente, sous le nom de *mauve en arbre*; le fusain, dont les fruits ont une forme bizarre qui les fait appeler *bonnet de prêtre*; les nerpruns, entre autres la bourdaine; le sumac fustet et le sumac de Virginie; le genêt d'Espagne, chargé de fleurs jaunes, à odeur agréable; le baguenaudier, à fruits renflés et vésiculeux; la coronille des jardins; les cytises, etc.

Viennent ensuite le prunier épineux, dit aussi prunellier ou épine noire ; le cerisier à grappes, et les cerisiers de Sainte-Lucie et de Virginie; les rosiers, dont nous avons longuement parlé; la ronce commune et celle du Canada; la potentille en arbre; le kerria du Japon, improprement appelé *corchorus*, à fleurs d'un beau jaune d'or; les spirées, très nombreuses en espèces; les pommiers odorant et à bouquets; les cognassiers de la Chine et du Japon; l'aubépine, à fleurs blanches, quelquefois roses;

le tamarix, ornement des bords des eaux; le seringat, à odeur forte, mais agréable; le grenadier, à fleurs rouge ponceau; les groseillers doré et sanguin, l'hortensia, généralement connu, etc.

Mentionnons encore les cornouillers blanc, sanguin et à grandes fleurs; les chèvrefeuilles, dont les uns forment des buissons touffus, tandis que les autres sont des arbrisseaux grimpants; les sureaux commun et à grappes; la viorne mancienne, et surtout la viorne obier, plus connue sous le nom de *boule-de-neige;* le lilas, à fleurs lilacées, rosées ou blanches; les lyciets, arbrisseaux épineux, à fruits rouges; les chalefs, à feuillage argenté; l'argousier, dit aussi griset ou saule épineux; les saules osiers; quelques espèces naines de châtaignier, de chêne et de bouleau; le noisetier commun et celui d'Amérique; le galé odorant ou piment royal, etc.

Les arbustes et arbrisseaux font toujours bon effet dans les plantations d'agrément; mais ils conviennent surtout aux petits jardins, où l'on veut avoir un peu d'ombre et de fraîcheur, sans recourir aux grands arbres qui, dans un étroit espace, ne pourraient que nuire aux autres végétaux. Là on recherchera de préférence ceux qui se distinguent par un feuillage vigoureux et une brillante floraison.

Il faut avoir soin de les grouper de manière à ce qu'ils produisent tout leur effet; mais on doit avant tout proportionner le nombre et la force des sujets à l'étendue du parc ou du jardin qu'ils sont destinés à orner. Des sujets trop nombreux, entassés sur un terrain exigu, s'affament entre eux et se dégarnissent à la base. D'un autre côté, trop de variété dans le choix des essences risque de produire la confusion. Il vaut beaucoup mieux restreindre le nombre des espèces et les choisir convenablement.

Les arbustes et arbrisseaux exigent quelques soins pour

bien végéter et satisfaire l'amateur. On doit, de temps en temps, donner un léger labour au pied, renouveler la terre épuisée et y ajouter un peu d'engrais. La taille se réduit à régulariser leur forme ; en général, elle doit être modérée, de manière à leur conserver leur port naturel.

L'Aubépine

Qui ne connaît l'aubépine ? On ne peut nommer ce joli arbrisseau sans éprouver un sentiment de jouissance. Ce nom se lie à tout ce que la nature offre de charmes, au souffle du zéphir, à l'émail des prairies, au chant des oiseaux : il nous transporte dans un tourbillon d'idées enivrantes. La jeunesse de nos villes du midi, que les beaux jours du printemps font sortir en joyeux essaims hors de leurs murs, y rentre le soir en chantant et tenant en main des rameaux d'aubépine, dont les épines se cachent sous des bouquets de fleurs du blanc le plus pur et du parfum le plus suave, et apparaîtront bientôt quand celles-ci seront fanées ; emblème touchant des plaisirs fugitifs du jeune âge, derrière lesquels se cachent les noirs soucis de l'âge mûr.

C'est de guirlandes d'aubépine que sont faites ces grandes couronnes qu'on suspend, à Bordeaux, au-dessus des rues, comme pour couronner le roi des mois du printemps ; couronnes qu'on illumine le soir.... Dans les Pyrénées, un bouquet d'aubépine fleurie accompagne toujours la petite croix qu'on plante, en mai, dans les champs, et qu'on attache aux arbres auxquels se marie la vigne, pour attirer d'abondantes moissons et de riches vendanges.

CLAVÉ.

XXXIII. — Arbres d'ornement

L'arbre représente le degré le plus élevé de la végétation ligneuse. Sa hauteur égale au moins cinq mètres ; mais elle peut dépasser de beaucoup cette limite inférieure. Tous les arbres susceptibles de croître en plein air sous nos climats présentent, bien qu'appartenant à des familles très diverses, une assez grande ressemblance dans leur port, leur organisation et leur mode de végétation.

On les divise en deux grands groupes, suivant qu'ils ont les feuilles persistantes ou caduques. C'est de ces derniers que nous nous occuperons d'abord.

En suivant la classification naturelle, nous trouvons successivement : les *magnoliers*, dont la plupart perdent leurs feuilles en hiver, et qui se font remarquer par la grandeur de leurs fleurs blanches ; le *tulipier*, grand arbre, originaire de l'Amérique du nord ; les *tilleuls*, dont quelques espèces sont très communes chez nous ; les *érables*, représentés aussi dans nos cultures par de nombreuses espèces, indigènes ou exotiques ; le *marronnier d'Inde*, qui forme dans nos jardins de si belles avenues ; l'*ailante glanduleux*, improprement nommé *vernis du Japon*.

A la suite viennent : le *robinier faux-acacia*, plus connu sous le nom d'*acacia* ; le *sophora du Japon*, à feuillage très élégant ; le *cytise aubour*, vulgairement *faux-ébénier* ; le *gaînier*, appelé aussi *arbre de Judée ;* les *féviers*, à rameaux armés de longues épines, etc.

La famille des rosacées nous offre plusieurs genres bien connus : *pêcher, amandier, abricotier, prunier, cerisier, pommier, poirier, cognassier, sorbier, alisier, néflier*, etc. Cultivés surtout pour leurs fruits, ces arbres méritent néanmoins d'occuper une place dans les jardins d'agrément, pour la beauté de leur floraison printanière.

Nommons encore les *frênes*, dont les nombreuses espèces sont répandues dans les deux continents ; le *catalpa* et le *paulownia*, aussi remarquables par leurs brillantes fleurs que par l'ampleur de leur feuillage ; l'*orme*, qu'on emploie de préférence pour les allées et les avenues, le *planéra*, semblable à l'orme et appelé *orme de Sibérie*, les *micocouliers de Provence* et *de Virginie*, espèces très élégantes ; les *mûriers*, cultivés surtout pour leurs usages économiques, mais peu répandus dans les jardins ; le *broussonétie*, appelé aussi *mûrier de la Chine* ou *mûrier à papier*.

Enfin nous trouvons le *platane*, une des plus belles essences ligneuses ; les *noyers* commun et cendré, et surtout le noyer noir, originaire des États-Unis ; les *saules*, dont plusieurs atteignent une assez grande taille ; les *peupliers*, qui les dépassent beaucoup sous ce rapport ; les *chênes*, dont la longévité est si grande et le port si majestueux ; le *hêtre* et le *châtaigner*, grands arbres, plus communs dans les bois que dans les jardins ; le *charme*, fort recherché pour faire des palissades ou charmilles ; les *bouleaux*, à la tige blanchâtre et au feuillage léger ; les *aunes*, qui croissent surtout au bord des eaux ; le *mélèze*, le *cyprès chauve* et le *gingko*, qui font exception dans le groupe des arbres résineux, en ce qu'ils ont des feuilles caduques.

Parmi les autres genres moins répandus, nous mentionnerons : les *paviers*, voisins du maronnier d'Inde ; l'*azédarach*, vulgairement *lilas des Indes* ; le *maclura orangé*, ou *mûrier des Osages* ; les *liquidambars du Levant* et *d'Amérique* ; le *sterculier*, qui ne vient bien que dans le midi de la France ; le *négundo*, ou *érable à feuilles de frêne* ; le *kœlreutère paniculé*, à jolies fleurs jaunes, originaire de la Chine ; le *virgilier jaune* ; le *bonduc*, etc.

La plantation des arbres exige des soins particuliers. Il ne suffit pas de les mettre dans un sol riche et approprié à leur nature ; il faut encore que ce sol soit assez ameubli pour que leurs racines puissent s'y développer en toute liberté. Il est donc nécessaire de creuser les trous plus ou moins longtemps à l'avance pour que la terre qu'on en tire puisse subir les influences atmosphériques ; souvent même il est bon d'y mettre une terre neuve e bien amendée. Ces précautions, toujours utiles, deviennent indispensables quand on plante des sujets de grande dimension.

Aussitôt après la plantation, on a soin de donner un bon arrosage, et on réitère cette opération de temps en temps. On donne aux arbres un tuteur et des armures, pour les protéger contre les vents, les atteintes des animaux, en un mot contre tous les accidents fortuits.

La taille des arbres d'ornement est beaucoup plus simple que celle des arbres fruitiers ; mais il faut qu'elle soit modérée, progressive et intelligente. Pour satisfaire à ces conditions, il importe de la commencer de bonne heure et d'y revenir souvent ; on n'aura ainsi chaque fois à retrancher que de faibles rameaux, et les plaies produites se recouvriront aisément et en peu de temps.

Le chant du Chêne

De feuilles et de glands les branches sont couvertes,
Amis, chantons le chêne, honneur des forêts vertes :
Malheur à qui détruit ce géant des grands bois !
Bretagne, tu n'étais plus qu'ombrage autrefois.

Songez aux anciens dieux, songez aux anciens prêtres ;
Sous les chênes sacrés sont couchés nos ancêtres ;
Ouvrez la dure écorce et vous verrez encor
La druidesse blonde et sa faucille d'or.

Arbres toujours sacrés ! chaque nuit sur leurs branches
Les morts vont en pleurant sécher leurs toiles blanches ;
Et les joyeux lutins, autour de leur vieux tronc,
Les petits nains velus viennent danser en rond.

Un chêne de cent ans avec son grand feuillage,
Un Breton chevelu dans la force de l'âge,
Sont deux frères jumeaux, au corps dur et noueux,
Deux frères pleins de sève et de vigueur tous deux.

J'ai vu, près de l'Izol, un chêne dont la tête
Arrêtait le vent d'ouest, ce vent que rien n'arrête,
Et deux lutteurs de Scaer, si fermes sur leurs pieds,
Que leurs pieds dans la terre étaient comme liés.

Si la foudre abattait ce géant de Cornouaille,
Dans ses immenses flancs qu'un navire se taille.
A l'œuvre, charpentiers ; puis venez, matelots !
Le roi de la colline est aussi roi des flots.

Sur le noble cadavre en foule qu'on se rue !
Façonnons des fléaux, des pieux, une charrue ;
Mais d'abord élevons, à l'angle des chemins,
L'arbre où l'Expiateur laissa clouer ses mains.

Vous mettrez sur ma tombe un chêne, un chêne sombre,
Et le rossignol noir soupirera dans l'ombre :
« C'est un barde qu'ici la mort vient d'enfermer ;
» Il chantait son pays et le faisait aimer. »

A. BRIZEUX.

XXXIV. — Arbres verts

Beaucoup de végétaux ligneux ou arborescents ont des feuilles qui persistent pendant plusieurs années, et ne tombent par conséquent que lorsqu'il y en a déjà de nouvelles pour les remplacer. Il en résulte que ces végétaux ne sont jamais nus ou dégarnis de verdure ; on les appelle, pour cette raison, arbres toujours verts, ou simplement *arbres verts*.

Ces arbres, très nombreux, sont disséminés dans des familles végétales très diverses ; il en est une toutefois qui, sous ce rapport, se place au premier rang ; nous voulons parler des arbres résineux. Ici, en effet, la persistance des feuilles est un caractère général, n'offrant que de très rares exceptions.

Cette famille nous présente d'abord les *pins*, genre dont les espèces se comptent par centaines. Beaucoup d'entre elles figurent dans nos cultures ; les unes sont indigènes comme les pins *sylvestre, maritime, laricio, cembro, pignon, mugho, d'Alep* ; d'autres, originaires de l'Amérique du Nord, supportent bien notre climat ; tel est le *pin du Lord Weimouth*.

Les *sapins* et les *épicéas* sont aussi des genres très riches ; on remarque le *sapin des Vosges*, le *Pinsapo*, l'*épicéa commun* ou *pesse*, les *sapinettes*, etc.

Le *cèdre* du Liban est un des plus beaux arbres de cette famille ; il faut y joindre ceux de l'Atlas et de l'Himalaya. Les *araucarias* atteignent de grandes dimensions ; mais l'*araucaria imbriqué* est le seul qui croisse en plein air sous nos latitudes.

Le *séquoia toujours vert*, et surtout le *séquoia gigantesque* sont encore des arbres de très haute taille ; ils commencent à se répandre dans nos jardins.

Il faut noter encore les *cyprès*, notamment le *cyprès commun*, très répandu surtout dans les régions méridionales, et qui présente deux variétés, l'une à rameaux dressés, l'autre à rameaux étalés, et les *cryptomères*, dont une espèce, le *cryptomère du Japon*, a été introduite dans nos jardins.

Les *thuyas*, souvent appelés *arbres de vie*, sont en général de petits arbres ou de grands arbrisseaux, fréquemment employés pour faire des palissades ou des brise-vents. On peut en dire autant des *genévriers* dont une espèce, le *genévrier de Virginie*, produit un bon effet, plantée isolément.

Enfin, nous mentionnerons l'*if*, au feuillage sombre et aux petits fruits d'un rouge vif ; il présente plusieurs variétés, à rameaux dressés ou étalés, et on le trouve dans presque toutes les contrées de l'Europe.

Passant aux autres familles, nous signalerons les *magnoliers à feuilles persistantes*, grands et beaux arbres à riche floraison ; les *badianes*, petits arbres aromatiques, dont une espèce donne l'anis étoilé ; le *houx*, commun dans nos bois, mais restant le plus souvent, dans nos cultures, à l'état d'arbrisseau ; l'*alaterne*, petit arbre répandu surtout dans le Midi ; le *cerisier laurier-cerise*, vulgairement nommé *laurier-cerise* ou *laurier-amande*, et les *cerisiers de Portugal* et *de la Caroline*, auxquels on donne aussi le nom impropre de *lauriers*; l'*eucalypte globuleux*, qui ne croît bien que dans le midi de la France, et l'*andromède* en arbre, originaire de l'Amérique du Nord.

Citons encore l'*olivier*, arbre des contrées méridionales, où on le cultive surtout pour son fruit; les *troènes du Japon* et *du Népaul*; les *phillyréas*, vulgairement nommés *filarias* et improprement *alaternes* ; le *laurier*, un peu délicat pour la région du nord; le *buis*, qui, soumis à une taille convenable, devient un petit arbre ; le *chêne vert d'Europe* et celui d'*Amérique*, à feuilles épineuses ; le *chêne liège*, le *chêne à glands doux*, beaucoup moins rustiques que les précédents ; enfin, le *cirier de la Louisiane*, qui croît assez bien en plein air dans le centre et le midi de la France.

On associe ordinairement aux arbres verts quelques arbrisseaux à feuillage persistant, entre autres : les *mahonies*, à feuilles épineuses et à fleurs jaunes; les *fusains du Japon* et *d'Amérique* ; la *luzerne en arbre*; les *spirées lancéolée* et *à feuilles lisses*; le *buisson ardent*, espèce d'aubépine, à fruits d'un rouge vif; le *buplèvre frutescent*; le *myrte*, délicat sous le climat de Paris ; l'*aucuba du Japon*, à feuilles panachées de jaune ; la *viorne tin*, improprement nommée *laurier-thym* ; le *jasmin jaune* ou *à feuilles de cytise*; le *chêne au kermès*, etc.

Les arbres verts se propagent et se cultivent par les procédés ordinaires; toutefois ils exigent des soins particuliers. On les plante le plus souvent au printemps ; on ne saurait y apporter de trop grandes précautions ; on s'attachera surtout à bien ménager les racines, en supprimant seulement celles qui seraient desséchées, meurtries ou gâtées; on évitera autant que possible d'étêter es sujets, notamment les arbres résineux ; enfin, on arrosera et on donnera des tuteurs.

La taille doit être plus modérée encore que celle des arbres à feuilles caduques ; elle se borne à enlever le bois mort et à conserver à l'arbre une forme élégante. Les espèces qui servent à faire des palissades sont soumises à une taille périodique et plus énergique.

Les Arbres toujours verts

Heureux celui dont l'héritage
Est planté d'arbres toujours verts !
Il semble que les froids hivers
Adoucissent pour lui ce qu'ils ont de sauvage.

Placés près des bosquets fleuris
Qui font du printemps la parure,
De ses vergers qu'une onde pure
Arrose en serpentant pour rafraîchir ses fruits,

Au nord ils servent de barrière ;
Les arbres protégés par eux
Dans la saison fleuriront mieux,
Et des fruits abondants formeront son salaire.

De ses fertiles potagers
Il verra l'utile légume
Préservé de la froide brume ;
Il devra ce bienfait à ces beaux étrangers.

Non loin de son foyer rustique
Ce bosquet doit être placé ;
Des autans le souffle glacé
Ne viendra point troubler ce séjour pacifique.

C'est l'hiver qu'il en doit jouir ;
Il est pour l'été d'autres charmes.
Loin du vain bruit et des alarmes,
Rien ne traversera son aimable loisir.

Heureux au milieu du silence,
Heureux de sa tranquillité,
Libre et sans être inquiété,
Il jouit de ses bois, de leur magnificence.

Non, ces arbres si beaux, si doux,
Ne sont point un vain étalage ;
Ils feront le plaisir du sage ;
Heureux, cent fois heureux qui les rassemble tous !

G. Hécart.

XXXV. — Jardin paysager

Quand on peut consacrer à l'horticulture d'agrément un terrain d'une assez grande étendue et présentant d'ailleurs des conditions favorables, on ne se contente pas de le parer de fleurs et d'arbustes ; on veut encore y pratiquer des massifs, des allées, des berceaux, y ménager de beaux points de vue, en un mot en faire une promenade d'autant plus agréable qu'elle commence à la porte même de l'habitation.

L'horticulture paysagiste a pour objet de disposer les terrains de ce genre de manière à reproduire, fût-ce sur une échelle fort réduite, quelques aspects qui nous rappellent la campagne ou même la libre nature.

Les éléments qui entrent dans l'exécution de ce travail sont assez nombreux, et la manière de les grouper peut varier, pour ainsi dire, à l'infini. Mais il ne suffit pas d'entasser, sur un certain espace, des arbres, des fleurs, des vases, des statues, des pièces d'eau, des fabriques de tout genre; il faut encore que ces objets soient disposés d'après certaines règles dictées par la science et par le goût, et de manière que l'ensemble présente un caractère d'harmonie, sans lequel le but serait manqué.

Les arbres et les arbrisseaux forment l'élément principal de la décoration des jardins; le nombre considérable des espèces, la facilité avec laquelle on peut se les procurer, la variété des aspects qu'ils présentent aux diverses saisons de l'année, sont autant d'avantages incontestables. Il est vrai qu'ils ne se prêtent pas toujours à la nature, à la composition ou au degré d'humidité du sol: mais, comme ces caractères peuvent le plus souvent être modifiés, quand il s'agit d'opérer en petit, et cela sans grand travail et sans grandes dépenses, on voit que la difficulté peut être aisément surmontée.

Il faut avant tout, dans le choix des végétaux ligneux, prendre en considération leur aspect général, leur *port* cette chose plus facile à sentir qu'à définir, et à laquelle concourent la hauteur de la tige, la longueur et la direction des rameaux, la disposition, la forme, la couleur du feuillage, des fleurs et des fruits, en un mot tout ce qui imprime au végétal sa physionomie particulière.

Certains arbres, qui ont des rameaux dressés, ou largement étalés, ou bien encore pendants ou *pleureurs*, gagnent à être plantés isolément, de telle sorte qu'on puisse les voir librement sous tous leurs aspects.

La plupart des essences sont réunies en groupes ou en massifs d'une étendue variable. Quelquefois ces massifs sont composés d'une seule espèce, ou d'un petit nombre d'espèces du même genre. Mais le plus souvent on mélange les types, de manière à former des contrastes.

Ce groupement doit être fait d'après certaines règles. On doit d'abord placer les sujets par rang de taille, les plus grands aux derniers plans, les plus petits aux premiers. De même, on mettra au fond, pour servir de repoussoir, les espèces à feuillage d'un vert sombre et à fleurs peu apparentes, et en avant celles qui ont des feuilles d'une teinte plus gaie et une floraison plus éclatante.

Les massifs seront séparés par des pelouses ou des gazons, dans lesquels on disposera çà et là des corbeilles de fleurs, des arbustes fleuris, des plantes à feuillage coloré ou ornemental, etc.

La configuration du sol doit être prise en ligne de compte. Les terrains parfaitement unis offriront un aspect moins pittoresque que ceux qui sont plus ou moins accidentés. Des rochers naturels ou factices, s'ils s'harmonisent bien avec tout le reste, ne pourront qu'ajouter encore à l'effet de ces derniers.

Les eaux contribuent puissamment à la beauté et à l'agrément d'un jardin. Suivant leur abondance, le relief du sol ou le style adopté dans la plantation, on en fera des rivières, des ruisseaux, des bassins, des étangs, des cascades, des jets d'eau ou des gerbes liquides.

Les dispositions d'un parc ou d'un jardin paysager peuvent, avons-nous dit, varier à l'infini. On peut néanmoins les ramener à trois types principaux.

Le type *régulier* ou *symétrique* est caractérisé par des allées droites, des bassins de formes géométriques, bordés de pierre ou de marbre et ayant au centre un jet d'eau, des parterres placés bien en face l'un de l'autre, etc.

Le type *paysager* ou *pittoresque* présente des allées sinueuses et tournantes, des ruisseaux et des pièces d'eau d'aspect naturel, des massifs habilement disséminés, des accidents de terrain, des aspects très variés.

Le type *composite* ou *mélangé* consiste à associer, dans des proportions diverses, les deux précédents ; il convient surtout aux jardins bourgeois, et un horticulteur habile en obtiendra souvent de très heureux effets.

Le Paradis terrestre

Le jardin d'Éden était placé au milieu d'une plaine délicieuse, couverte de verdure, qui s'étendait sur le sommet d'une haute montagne, et formait, en la couronnant, un rempart inaccessible. Tous les côtés de la montagne, escarpés et déserts, étaient hérissés de buissons épais et sauvages qui en défendaient l'abord. Au milieu de ces buissons s'élevaient majestueusement, à une prodigieuse hauteur, des cèdres, des pins, des sapins, des palmiers, qui étendaient leurs branches et, en s'embrassant, offraient la décoration d'une scène champêtre. En élevant par degrés cimes sur cimes, ombrages sur ombrages, ils formaient un amphithéâtre dont les yeux étaient enchantés. Les arbres les plus élevés portaient leurs têtes jusqu'à la verte palissade, qui, comme un mur, environnait le paradis. Du centre de ce beau séjour, qui dominait tout le reste, notre premier père pouvait librement promener sa vue sur son empire, et en considérer les contrées voisines. Au-dessus de la palissade, et dans l'enceinte du paradis, régnaient tout à l'entour des arbres superbes, chargés des plus beaux fruits et de fleurs émaillées des plus brillantes couleurs. Au milieu de ce charmant paysage, un jardin encore plus délicieux avait eu Dieu lui-même pour ordonnateur....

Dans ce jardin coulait, vers le midi, une large rivière, dont le cours ne changeait point, mais qui disparaissait sous la montagne du paradis, dont la masse le couvrait entièrement ; le Seigneur ayant posé cette montagne, qui servait de fondement à son jardin, sur cette onde rapide, qui, doucement attirée par la terre altérée et poreuse, montait dans ses veines jusqu'au sommet, d'où elle sortait en claire fontaine, et se partageait en plusieurs ruisseaux, qui, après avoir arrosé tout le jardin, se réunissaient pour se précipiter du haut de cette montagne escarpée, et après avoir formé une superbe cascade, se divisaient en quatre principales rivières, et traversaient différents empires.

Que n'est-il possible à l'art de décrire cette fontaine de saphir, dont les ruisseaux argentins et tortueux, roulant sur des perles orientales et sur des sables d'or, formaient des labyrinthes infinis sous les ombrages qui les couvraient, en versant le nectar sur toutes les plantes, et nourrissant des fleurs dignes du paradis ! Elles n'étaient point rangées en compartiments symétriques, ni en bouquets façonnés par l'art. La nature bienfaisante les avait répandues avec profusion sur les collines, dans les vallons, dans les plaines découvertes qu'échauffaient doucement les rayons du soleil, et dans ces berceaux où des ombrages épais conservaient pendant l'ardeur du jour une agréable fraîcheur.

Cette heureuse et champêtre habitation charmait les yeu par sa variété : la nature, encore dans son enfance, et méprisant l'art et les règles, y déployait toutes ses grâces et tout sa liberté. On y voyait des champs et des tapis verts admirablement nuancés, et environnés de riches bocages rempli d'arbres de la plus grande beauté ! des uns coulaient le baumes précieux, la myrrhe et les gommes odoriférantes aux autres étaient suspendus des fruits brillants et doré qui charmaient l'œil et le goût. Tout ce que la fable attribu de merveilleux aux vergers des Hespérides s'offrait réelle ment dans l'admirable jardin d'Éden. Entre ces arbres parais saient des tapis de verdure : sur les penchants des vallons e des petites collines on voyait des troupeaux qui paissaiei l'herbe tendre. Ici les palmiers couvraient de jolis monticules là, des ruisseaux serpentaient dans le sein d'un vallon co vert de fleurs et de roses sans épines. D'un autre côté parai saient des grottes impénétrables aux rayons du soleil, et d cavernes ou régnait une fraîcheur délicieuse. Elles étaient couvertes de vignes qui, étendant de tous côtés leurs branches flexibles, offraient en abondance des grappes de pourpre. Les ruisseaux, coulant avec un doux murmure, formaient d'agréables cascades le long des collines.

MILTON.

XXXVI. — Les Serres

Toutes les plantes d'ornement ne peuvent pas vivre en plein air sous nos climats ; beaucoup d'entre elles ont esoin d'être abritées, pendant l'hiver, contre les froids igoureux. D'autres, bien plus exigeantes, ne peuvent égéter, fleurir ou fructifier que dans des locaux spéciaux ù on réalise, par des moyens artificiels, un climat pareil, utant que possible, à celui sous lequel elles vivent ans l'état de nature. Or, chaque plante ayant son tempéament particulier, il en résulte qu'il faudrait un nombre onsidérable de *serres*, qui différeraient entre elles pour température, l'éclairage, l'humidité, l'aération, etc. On 'est pourtant pas obligé d'aller jusque-là, et un petit ombre de serres suffit.

L'*orangerie*, dont il faut dire un mot, n'est pas, à roprement parler, une serre, mais un simple abri temraire pour la mauvaise saison. On l'appelle quelquefois *nservatoire*, parce qu'elle sert en effet uniquement à nserver, dans les contrées froides, les végétaux des gions tempérées, qu'on met en plein air durant l'été. s végétaux sont d'abord les *orangers*, qui lui ont donné n nom, puis les *citronniers*, les *myrtes*, les *grenadiers*, *lauriers-roses*, les *plantes de terre de bruyère*, etc.

La *serre froide* est celle dans laquelle règne une température de zéro à dix degrés, c'est-à-dire assez élevée pour que les plantes ne gèlent pas, assez basse pour que leur végétation ne soit pas excitée outre mesure. Tantôt elle est adossée à un mur exposé au midi, et alors construite à un seul versant ; tantôt elle est isolée et à deux versants, et dans ce cas on lui donne souvent une forme bombée. Le toit de cette serre étant un vitrage, la lumière arrive de tous côtés sur les plantes ; aussi peut-on y cultiver un grand nombre d'espèces. On a pu même convertir tout un jardin en serre froide, en le couvrant d'un vitrage ; c'est ce qu'on a vu autrefois à Paris, dans le jardin d'hiver des Champs-Elysées.

Ce genre de serre est celui qui convient le mieux au petit propriétaire, au modeste amateur, qui veut, sans avoir à dépenser beaucoup, se procurer quelques jouissances florales. En faisant un choix judicieux, on peut par ce moyen avoir des fleurs pendant toute la durée de l'hiver.

Les plantes qu'on peut élever en serre froide sont très nombreuses ; qu'il nous suffise de citer les *camellias*, les *azalées*, les *rhododendrons*, les *kalmias*, les *bruyères exotiques*, les *plantes grasses*, les *pélargonium* ou *géranium*, les *fuchsia*, les *épacris*, les *mimosas*, les *fougères arborescentes*, etc.

La *serre tempérée* présente une température de dix à vingt degrés ; on comprend que, suivant qu'elle approche de l'une de ces deux limites, elle participe de la serre froide ou de la serre chaude. Elle peut être à un ou deux versants, à toit bombé, ou présenter toute autre forme imposée par les conditions locales. La température relativement élevée qu'on y maintient permet d'y conserver un plus grand nombre d'espèces ; aussi est-elle adoptée de préférence par les horticulteurs marchands et par les riches amateurs. D'un autre côté, comme la chaleur n'est pas excessive, elle offre en toute saison un lieu de promenade ou de repos et de distraction.

Cette serre est presque toujours précédée d'un vestibule ou d'une sorte d'antichambre, avec deux portes opposées, de telle manière que l'air froid du dehors n'entre jamais directement dans l'intérieur ; cette précaution est d'autant plus utile que l'air doit être fréquemment renouvelé ; les arrosages sont également essentiels dans la serre tempérée.

Outre les plantes de serre froide, on peut encore cultiver ici les *acacias*, les *aloès* et d'autres plantes grasses, les *protéacées*, les *bougainvillées*, les *chorizèmes*, les *dianelles*, les *eucalyptes*, les *fuchsias*, les *balisiers*, les *héliotropes*, les *lobélies*, les *myrtacées*, les *palmiers*, les *pistachiers*, les *tritomes*, etc.

La *serre chaude* est caractérisée par une température de vingt à trente degrés ; les dépenses de chauffage qu'elle exige, jointes aux prix plus élevés des plantes qu'on y cultive, font qu'elle est d'un usage plus restreint. Elle est destinée à certaines familles de plantes d'ornement, telle que les *palmiers*, les *cycadées*, les *broméliacées*, les *nymphéacées*, les *orchidées*, etc. Souvent elle fait partie d'une seule et même construction avec la serre tempérée ; une simple cloison vitrée sépare les deux compartiments, auxquels la chaleur est distribuée à des degrés divers, suivant les besoins des plantes.

La *serre chaude sèche* est celle dont l'atmosphère ne doit pas être constamment chargée d'humidité. La *serre chaude humide*, qu'il est inutile de définir, est consacrée à peu près exclusivement aux *orchidées*.

La *serre à forcer* est une serre chaude dans laquelle

on se propose d'obtenir, à l'aide de la chaleur artificielle, des fleurs et des fruits, en dehors des époques de floraison et de fructification à l'air libre ; elle n'a ordinairement qu'un seul versant, et le fond est tapissé d'arbres fruitiers.

L'*aquarium* est une serre chaude, renfermant un bassin dont l'eau est chauffée de manière à favoriser la végétation des *nymphéacées* et autres *plantes aquatiques*.

Les Jardins d'hiver

Vous rappellerai-je les prodiges de la somptuosité romaine ? Vous parlerai-je de l'éternel murmure de ces fontaines et de ces jets d'eau? Les jardins d'hiver n'étaient pas inconnus aux Romains. Pline nous apprend qu'à l'aide d'une irrigation à l'eau chaude on faisait fleurir, dans des chambres closes, des lis et toutes les fleurs du printemps pendant la saison des frimas. On y voyait souvent même des vignes et des arbres fruitiers. Mais ce n'était pas encore la serre dans toute sa perfection. Bien que les anciens, comme le prouvent quelques découvertes faites dans les fouilles de Pompéï, connussent les vitres, il ne paraît pas qu'ils les aient appliquées à cet usage.

On lit dans la relation du voyage des frères Zeni, de 1388 à 1404, que le jardin du cloître Saint-Thomas, situé au Groenland ou en Islande, était chauffé par des sources naturelles d'eau bouillante.

Au XIIIe siècle, il se passa à Cologne un des événements qui contribuèrent le plus à faire soupçonner de sorcellerie Albert le Grand. Les chroniqueurs racontent qu'en 1249, Guillaume comte de Hollande et roi des Romains, en traversant cette ville, s'arrêta dans le couvent des Dominicains. C'était le

6 janvier, jour des Rois ; l'hiver avait complètement dévasté la nature ; un manteau de neige et de glace enveloppait la terre. Cependant, au grand étonnement du prince et de sa suite, l'illustre prélat les reçut dans un jardin de son cloître ombragé d'arbres couverts de feuilles, de fleurs de de fruits, comme au milieu de l'été. Ce fut sous ces bosquets embaumés, où retentissait le gazouillement des oiseaux, qu'on servit un délicieux banquet.

Le préjugé populaire n'hésita pas à attribuer aux sciences occultes ce fait prodigieux ; mais ne doit-on pas plutôt l'expliquer par les connaissances que l'évêque Albert possédait dans les sciences naturelles et dans l'art mécanique, connaissances qui lui avaient permis de devancer son époque, et d'organiser dans son cloître, à l'aide d'une serre chaude, un jardin d'hiver ? Quoi qu'il en soit de ce fait isolé, dont, sans doute, la crédule imagination des narrateurs contemporains a exagéré les proportions, l'établissement des serres proprement dites est beaucoup plus récent qu'on ne le croit ; Linné assure que le jardin du prince Eugène à Vienne présenta, en 1731, le premier bananier qu'on eût vu fleurir en Europe.

Drouyn de Lhuys.

XXXVII. — Les Fleurs au salon

L'horticulture d'intérieur est aujourd'hui à la mode ; on ne saurait s'en plaindre : les fleurs ne sont-elles pas, avec les oiseaux, les objets les plus propres à égayer nos demeures ? C'est d'ailleurs l'unique ressource des personnes qui, aimant les fleurs, ne possèdent ni serre ni jardin.

Voyez comme un simple bouquet orne bien la table ou la cheminée d'un salon. Il n'y a là pourtant que des fleurs déjà mourantes et qui se faneront bientôt.

es plantes vivantes sont bien préférables; elles durent
semaines, des mois entiers, souvent toute une saison,
on aime à les voir parcourir toutes les phases de la
étation, depuis le moment où elles commencent à
mer jusqu'à l'époque où la floraison s'épanouit dans
te sa splendeur.

es végétaux qui peuvent vivre dans l'intérieur des ha-
tions sont très nombreux, et, comme on ne saurait
admettre tous, on a largement de quoi choisir.

ous mettrons au premier rang les plantes bulbeuses,
1otamment les *jacinthes*, les *tulipes*, les *narcisses*,
rocus ou *safrans*, les *ornithogales*, les *scilles*, etc.

peut cultiver de plusieurs manières les jacinthes,
narcisses et les crocus. La plus simple consiste à
er les bulbes ou oignons sur des carafes à ouverture
te, remplies d'eau, la base seule de l'ognon étant
née par le liquide, que l'on a soin d'ailleurs de
tenir au même niveau et de renouveler entièrement
oins une fois par semaine.

plantes fleurissent bien aussi quand on a mis les
s dans de la mousse fortement tassée et maintenue
urs humide. Il y a même des sortes de vases en
cuite, percés de trous, à l'ouverture desquels on
ffleurer le sommet des bulbes, de manière à obtenir
yramide de fleurs.

s on ne doit traiter ainsi que les variétés les plus
unes, car les oignons sont perdus après la florai-

meilleur mode de culture pour toutes les plantes
uses, le seul même qu'on doive employer pour
riétés rares ou précieuses, consiste à mettre les
s, plantés peu profondément, dans des pots rem-
bonne terre, que l'on arrose un peu de temps en

temps. Après la floraison, on *relève* ou on déterre oignôns, on les laisse ressuyer quelques jours; puis les plie dans du papier, et on les conserve dans endroit assez sec, pour les replanter l'année suivante.

L'emploi des jardinières permet d'établir au salon petit parterre, dont on peut varier à volonté l'aspect e composition. On devra y mettre les plantes avec le pots, sauf à dissimuler la rusticité de ceux-ci, en entourant et même en les recouvrant de mousse ve qui conserve la fraîcheur.

Là on peut cultiver les *cyclamens*, aux bizarres rolles nuancées de blanc et de carmin; la *primevère Chine*, qui donne pendant tout l'hiver de jolies fl blanches ou roses; les *œillets remontants*, si re quables par les tons chauds et vifs et par l'harmonie leurs couleurs.

A ces plantes viendront s'ajouter ou se substituer, vant les époques, les *camellias* et les *azalées*; *bruyères* et les *épacris*, aux longs épis de fleurs blan ou purpurines; les *cinéraires* et les *pétunias*; les *h tiques bleues, blanches* ou *roses;* les *ibérides* ou *tl pis vivaces*; les *métrosidéros*, aux longues aigr pourpres; les *mimosas*, les *chorizemas*, les *car1 tines* et bien d'autres encore.

On peut aussi avoir, dans les appartements, quel unes de ces belles plantes à feuillage coloré ou orne tal, telles que le *ficus elastica* ou *arbre à caoutcl* les *bégonias* aux feuilles marbrées, les *caladium* chés de vert et de rouge, les *ricins*, quelques *pal rustiques*, etc.

A l'aide de légers grillages, il est possible de cu dans l'appartement ou sur les balcons plusieurs p grimpantes, telles que le *lierre*, la *vigne vier delairée odorante,* les *maurandies,* les *thunbergies,* les *capucines,* les *cobéas,* les *haricots,* les *pois de senteur,* et quelques espèces de *liserons* ou *volubilis.*

Les plantes grasses font très bien sur une étagère ; mais on les recherche beaucoup moins pour leur floraison que pour les formes plus ou moins bizarres de leurs tiges ou de leurs rameaux ; elles se multiplient aisément de boutures, et la plupart peuvent se réduire à des spécimens de très petite taille.

On tire encore très bon parti des vases à suspension ; on les garnit de terre et de mousse, ou mieux de *sélaginelle,* espèce de lycopode, dont l'aspect rappelle celui des mousses ; au milieu, on met une ou deux plantes à port dressé ; sur les bords, des végétaux à tiges ou à rameaux pendants. Tels sont, entre autres, le *cierge flagelliforme,* le *géranium à feuilles de lierre,* la *lysimaque nummulaire* ou *monnoyère,* la *saxifrage sarmenteuse,* la *zébrine pendante,* le *mimule musqué,* etc.

Toutes les plantes d'appartement exigent des soins assidus ; il faut les arroser souvent, mais peu à la fois ; comme la poussière leur nuit beaucoup, il est bon de laver avec une éponge les feuilles larges et lisses, de bassiner les feuillages menus, en un mot d'entretenir partout la propreté.

Le Jardin chez soi

Cultivées auprès de nos demeures, les fleurs procurent d'aimables passe-temps ; elles paient les soins qu'on leur donne par les variations de formes et de coloris qu'elles produisent, par les douces odeurs dont elles chargent les ailes du vent. Introduites dans nos habitations ou tenues sur les croisées du citadin, elles décorent le modeste asile comme le salon aux lambris entrecoupés de miroirs réfléchissants; elles vengent le pauvre des exigences sociales, des humiliations dont l'accablent le sot orgueil, les distinctions outrageantes, la vileté des hommes à argent; elles impriment un nouveau charme à la paix du cabinet, aux jouissances si douces des familles étroitement unies; mais il faut y prendre garde : dans les champs, dans le petit jardin, elles portent aux sens un bien-être tout particulier, des impressions suaves, parce qu'elles s'harmonisent avec le moùvement d'une nature toujours active; mais enfermées, surtout la nuit, où tout est clos dans nos chambres, elles nuisent à la santé, portent le trouble dans le système nerveux, enveloppent les corps vivants d'un gaz délétère, et déterminent souvent des affections éminemment dangereuses.

A. Thiébaut de Berneaud.

CHAPITRE V

LES CHAMPS

XXXVIII. — Les Céréales

Abordons maintenant le domaine de la grande culture, celle qui se pratique dans les champs et produit en abondance les denrées qui doivent alimenter les diverses branches de l'économie domestique et des arts industriels.

Les *céréales*, ainsi nommées en l'honneur de Cérès, déesse de l'agriculture, se placent au premier rang sous le rapport de l'utilité; leurs graines farineuses servent surtout à nourrir l'homme et entrent dans la fabrication du pain, l'aliment type, l'aliment par excellence.

D'une manière générale, on les divise en deux groupes : les céréales *d'automne* ou *d'hiver* sont semées à l'automne et passent ainsi l'hiver en terre; les céréales *de mars* ou *de printemps* se sèment au retour de la belle saison.

Les premières donnent, toutes choses égales d'ailleurs, un produit plus précoce, plus abondant et de meilleure

qualité; elles sont donc préférables ; mais des circon
tances particulières obligent souvent de recourir a
secondes. Il peut arriver, par exemple, que les semail
d'hiver aient été détruites par la gelée, l'excès d'hun
dité, les insectes, etc.

Le *blé* ou *froment* est la première des céréales ;
présente de très nombreuses variétés, qui permettent
cultivateur de faire un bon choix. Répandu dans presq
toutes les contrées du monde civilisé, il est cultivé dans
majeure partie du territoire français.

Le froment végète beaucoup mieux dans les terr
franches, appelées pour cette raison *terres à blé*. Toutefo
il réussit dans les sols argileux mélangés de calcaire
de silice. Mais il faut que la terre soit bien ameublie, ass
riche en engrais et soigneusement nettoyée des mauvais
herbes.

La semence, avant d'être confiée à la terre, doit ê
criblée et triée, puis chaulée, c'est-à-dire brassée dans
l'eau de chaux, afin de détruire les germes des parasi
qui attaquent le grain dans les épis.

On recommande en général de semer clair; ou
l'économie qui en résulte, on obtient des pailles pl
fortes, moins sujettes à la verse, et des grains mie
nourris.

Dès que le froment, et en général toutes les céréal
commencent à pousser, on donne un hersage, po
détruire les mauvaises herbes; puis on passe le roulea
pour faire *taller* les plantes, c'est-à-dire leur faire produ
plus de tiges. Quand le blé est semé en lignes,
donne aussi un binage. Il est encore utile de détruire
chardons.

La moisson s'opère quand le grain est complètem
mûr; les blés sont liés en gerbes, puis mis en meules

>n rentrés en grange, pour attendre le moment où on parera le grain, en les battant au fléau ou à la machine.

Le froment donne la farine la meilleure et la plus nrrissante, celle dont on fait le pain le plus estimé. On ilise le son pour la nourriture des animaux domestiques, la paille est employée dans l'industrie ou comme tière.

L'*épeautre* est une espèce de froment dont le grain est pas séparé de son enveloppe par le battage.

Le *seigle* vient immédiatement après le froment; plus buste et plus précoce, il peut végéter sous des climats lus froids et dans des sols moins riches. Sa farine donne n pain un peu lourd, mais savoureux et pouvant se nserver frais pendant longtemps; on en fait du pain 'épice. La paille est excellente pour les usages indusiels. Le seigle, fauché en vert, est un excellent fourrage récoce.

On appelle *méteil* et *champart* des mélanges, en proporions diverses, de seigle et de froment.

L'*orge* est d'un tempérament robuste, ne craignant ni haud ni froid, et mûrit de très bonne heure; aussi la ultive-t-on là où ne pourraient croître les autres céréales. on grain donne un pain lourd, grossier et de digestion ifficile; il est employé en médecine et pour la fabrication e la bière.

L'*avoine*, presque aussi rustique que l'orge, a l'avantage de croître dans les sols les plus pauvres. Le grain, qui ne donne qu'un pain noir, lourd et très-amer, est consommé de préférence sous forme de gruau. On emploie surtout ce grain et la paille, pour nourrir les animaux domestiques.

Le *maïs* est une grande plante, dont le grain ne peut servir à faire du pain, mais se mange sous forme de bouillies ou de gâteaux ; on le donne également au bétail, et surtout aux oiseaux de basse-cour.

Les autres céréales sont : le *millet* et le *sorgho*, d
régions méridionales ; le *riz,* qu'on mange bouilli ou e
pâtes ; le *sarrasin,* cultivé dans l'ouest de la France.

On range ordinairement à la suite des céréales le
plantes *à cosses,* c'est-à-dire à gousses renfermant de
grains farineux tels que les haricots, les pois, les lentille
les fèves, les pois-chiches, les lupins, les gesses, etc.

La Chanson du blé

Avant que l'hiver recommence,
La terre reçoit la semence ;
Dans les sillons, à pleine main,
Le semeur a versé le grain....
La terre enfin s'est entr'ouverte ;
Le blé montre sa tête verte,
  Et respire le beau temps,
  Le soleil et le printemps.

L'été vient, l'épi blond s'élève,
Et le grain se gonfle de sève ;
Le vent balance dans les champs
Les blés alourdis et penchants.
La faucille enfin les moissonne ;
Le fléau bat la gerbe ; on donne
  Le froment pur au moulin,
  Et le blé se change en pain.

J. Barbier et M. Carré.

XXXIX. — Les Prairies

Il est à peine besoin de dire que l'on désigne sous le nom de *plantes fourragères* celles dont les tiges et les feuilles, d'autres fois les racines ou les graines, servent, à l'état vert ou sec, à nourrir les animaux domestiques. Et, comme la plupart de ceux-ci fournissent à notre alimentation un précieux contingent, on peut dire que les fourrages concourent, par l'intermédiaire du bétail, à la nourriture de l'homme.

D'un autre côté, quand le sol est plus ou moins épuisé par la culture des céréales, les plantes fourragères lui rendent en tout ou en partie sa fertilité, soit par elles-mêmes, comme nous l'avons vu à propos des assolements, soit par l'engrais provenant des animaux auxquels elles servent d'aliment.

Les espèces fourragères sont très nombreuses, et les terres qui les portent s'appellent *prairies*. On distingue les *prairies naturelles* ou permanentes, dont nous parlerons plus loin, et les *prairies artificielles* ou temporaires.

Celles-ci, dont nous traiterons en premier lieu, parce qu'elles sont plus à la portée de tous les cultivateurs, ne renferment qu'une espèce, deux ou trois au plus, semées à dessein, et n'occupant le sol que pendant un temps déterminé.

Les plantes servant à former des prairies artificielles se divisent en trois groupes: légumineuses, graminées, diverses.

Parmi les premières, nous voyons d'abord la *luzerne*, espèce vivace, abondamment cultivée dans une grande partie de la France, et renfermant plusieurs espèces ou variétés. Les terres profondes et perméables, bien ameublies et nettoyées des mauvaises herbes, sont celles qui lui conviennent. On la sème, dans le midi, à l'automne, et, dans le nord, au printemps.

Une luzernière peut, suivant les circonstances, durer six à quinze ans, et donner, chaque année, trois à six coupes. La luzerne est un excellent fourrage ; mais il faut la donner aux animaux à doses modérées, surtout quand elle est fraîche ; et, dans ce cas, il est bon de l'associer à des aliments secs, tels que la paille ou les grains.

Le *trèfle rouge* ou *commun* est une plante bisannuelle, qui préfère les terrains riches en calcaire. C'est le plus précoce des fourrages artificiels ; il donne ordinairement deux coupes, et un regain à l'automne. On cultive aussi, dans quelques localités, le *trèfle blanc* ou *rampant*, les *trèfles hybride* et *élégant*, le *trèfle incarnat*, etc. Les usages du trèfle sont les mêmes que ceux de la luzerne.

Le *sainfoin* ou *esparcette* est une plante vivace, originaire du midi de l'Europe, mais que l'on cultive avec beaucoup de succès jusque dans le nord de la France. Il dure dix à quinze ans, et donne deux bonnes coupes dans l'année. On le regarde généralement comme le meilleur des fourrages.

On trouve encore dans la famille des légumineuses, les *vesces*, les *gesses*, les *lupins*, le *mélilot*, le *lotier*, la *serradelle*, etc. Mais comme ces plantes ont presque toujours des tiges traînantes, on cultive généralement avec elles une graminée à tiges droites, telles que le seigle, l'orge ou l'avoine. On obtient ainsi des fourrages mélangés, qu'on appelle *dragées*.

La famille des graminées, ou, comme on dit vulgairement, des *gramens*, renferme de nombreuses espèces, qui forment la base des prairies permanentes, mais dont on fait aussi de très bonnes prairies artificielles. Nous citerons, entre autres, le *ray-grass*, les *vulpins*, la *fléole*, le *fromental*, l'*alpiste*, le *moha*, la *crételle*, le *seigle*, etc.

Enfin, parmi les plantes appartenant à des familles diverses, nous mentionnerons : la *chicorée sauvage*, excellente pour les sols calcaires; la *pimprenelle*, et la *spergule*, qui permettent de tirer parti des terres crayeuses ou sablonneuses ; le *pastel*, la *moutarde blanche*, le *colza*, la *navette*, la *consoude*, la *mille-feuilles*, la *bistorte*, etc.

Une prairie *naturelle* ou mieux *permanente* se distingue d'une prairie artificielle ou temporaire en ce qu'elle se compose d'espèces nombreuses et variées, qui se reproduisent naturellement, exigent peu de soins spéciaux et occupent le sol pendant un temps indéterminé.

On appelle plus particulièrement *prairies* celles dont le foin est fauché, et *prés*, *pâturages*, *pacages* ou *herbages*, celles qui sont pâturées sur place par les bestiaux. A d'autres points de vue, on les divise, suivant leur élévation, en prairies hautes, moyennes et basses, et, suivant leur degré d'humidité, en prairies sèches, fraîches et humides.

Malgré leur nom de prairies naturelles, on peut créer artificiellement ces prairies en semant un mélange convenable de graines des plantes qui les composent.

Les soins généraux à donner aux prairies de toute nature se réduisent à la destruction des plantes nuisibles, et aux irrigations, quand elles sont possibles.

Pour récolter le foin, quelle que soit son origine, on fauche les plantes fourragères, le plus près possible du sol ; on étend le foin coupé, et on le retourne de temps en temps, pour le faire ressuyer; enfin, on le met en meules, ou on le rentre dans la grange, pour s'en servir au besoin.

La Fenaison

Autres temps, autres soins; le moment de faner
Arrive : quand le foin commence à se faner,
Voulez-vous conserver sa saveur au fourrage,
Prenez vite la faux, mettez-vous à l'ouvrage.
Mais déjà les valets, par le maître animés,
Légèrement vêtus et de la faux armés,
Vont dépouiller le pré de sa robe fleurie ;
Puis survient une bande au travail aguerrie,
Qui met en mouvement et fourches et râteaux,
Pour étendre le foin entassé par la faux....
Lorsqu'il est assez sec et résiste au toucher,
On l'empile le soir avant de l'engranger,
Et des enfants voisins la troupe peu timide
Escalade aussitôt la verte pyramide.
Quand pourras-tu serrer de même ton froment ?
Métayer, quand viendra de tes soins le paiement ?
Encor quelques soleils, et, la moisson rentrée,
Nous fêterons gaîment Cérès la désirée.
La faim à l'indigent laissera du répit,
Et le pâle usurier en mourra de dépit.

A. PEYRAMALE.

XL. — Plantes sarclées

Les *plantes sarclées* sont celles qui, généralement semées ou plantées en lignes régulièrement espacées, peuvent ainsi recevoir, pendant toute la durée de leur végétation, des sarclages et autres soins de culture. On les appelle aussi quelquefois *récoltes-racines*, parce que la plupart d'entre elles sont cultivées pour leurs parties souterraines.

Ces plantes, outre les produits alimentaires ou industriels qu'elles fournissent immédiatement au cultivateur, ont encore cet avantage de fournir aux cultures suivantes un sol bien ameubli et bien nettoyé; aussi les place-t-on avec succès en tête de l'assolement.

Les soins qu'elles exigent, tels que sarclages, binages et buttages, ont pour effet principal de détruire les mauvaises herbes. Comme on les récolte à une époque avancée, on leur fait succéder des céréales de mars.

La *betterave* est une plante bisannuelle, à racine grosse et charnue, présentant du reste plusieurs variétés. Elle aime les terres franches, les sols argileux mélangés de calcaire ou de silice, profonds, meubles et bien fumés. On sème à la fin de l'hiver ou au commencement du printemps, et on donne les soins ordinaires.

On récolte les betteraves à l'automne; on enlève les feuilles, puis on conserve les racines en cave ou dans des silos. La betterave peut servir à la nourriture de l'homme; mais on l'emploie surtout pour le bétail. Quelques variétés, cultivées spécialement dans ce but, donnent du sucre, de l'alcool et même une sorte de café.

La *carotte* est également bisannuelle; elle préfère les terres légères et fraîches, se cultive et se récolte à peu près comme la betterave. Elle sert aux mêmes usages que celle-ci ; mais on la préfère, surtout pour l'alimentation de l'homme.

Le *panais* est une plante bisannuelle, cultivée en grand dans l'ouest de la France; plus exigeant que la carotte, sous le rapport de la culture, il lui est supérieur comme aliment. Sa racine est très appréciée pour la nourriture des vaches laitières et des chevaux.

On comprend sous les noms de *navets*, *raves*, *rutabagas*, *turneps*, etc. des espèces ou variétés de choux, à racines grosses, renflées et charnues. Toutes ces plantes aiment sols légers, meubles, frais et bien fumés. On les cultive et on les récolte comme les plantes précédentes. Moins nutritives que la carotte, leurs racines fournissent un très bon aliment, et leurs feuilles peuvent servir de fourrage vert.

En agriculture, on confond souvent avec les racines les *tubercules*, qui sont des rameaux souterrains, renflés, charnus ou farineux, et munis de bourgeons.

La *pomme de terre*, appelée aussi *morelle tubéreuse* ou *parmentière*, est le type des plantes à tubercules. Originaire de l'Amérique, elle est depuis longtemps entrée dans nos cultures, où elle a produit de nombreuses variétés.

La pomme de terre réussit dans tous les terrains meubles et profonds, frais sans être humides, et bien fumés. On plante ou on sème les tubercules, à des époques qui varient suivant les climats; on ne donne que les soins ordinaires. La récolte se fait dans le courant de l'automne.

Les usages alimentaires de ces tubercules sont assez connus; on les donne aussi aux animaux. Enfin, on en retire de la fécule et de l'alcool.

Le *topinambour* est une plante vivace, originaire du Brésil; sa tige très haute se termine par de grandes et belles fleurs jaunes. Il préfère les sols calcaires, mais croît dans tous ceux qui ne sont pas trop humides. Ses tubercules constituent un aliment agréable pour l'homme; ils conviennent aussi aux bêtes à cornes et aux moutons, et les feuilles vertes sont utilisées comme fourrage.

Plusieurs variétés de *choux* sont cultivées en grand dans les champs, comme récoltes sarclées. Les choux pommés sont ceux dont les feuilles, recourbées en dedans, forment une sorte de boule ou de pomme. On les plante en lignes dans un sol bien fumé, pour commencer à les récolter dès le mois d'octobre.

Parmi les variétés non pommées, on remarque le *grand chou à vaches* ou *chou cavalier*, le *chou à moelle* ou à tige charnue, les *choux frisés*, le *chou caulet des Flandres*, etc. Ces variétés se cultivent comme les précédentes ; mais on enlève les feuilles au fur et à mesure des besoins.

Moins nourrissants que le foin des prairies, les choux forment néanmoins, par leur abondante production, une précieuse ressource pour l'hiver. Associés aux fourrages secs, il conviennent surtout aux bêtes à cornes.

On cultive dans plusieurs pays les *citrouilles* et les *courges*, dont les fruits volumineux peuvent, en hiver, remplacer les betteraves. On commence à récolter ces fruits vers la fin d'octobre, dès qu'ils ont atteint leur complète maturité. On les emmagasine dans des greniers ou sous des hangars, en ayant soin de les couvrir de paille pour les préserver des fortes gelées. Ils conviennent particulièrement aux cochons et aux vaches laitières.

La Pomme de terre

Après le froment, il n'est pas de plante plus importante elle croît dans presque tous les terrains, à presque toutes les latitudes ; le sol des plaines et celui des montagnes lui conviennent également ; elle ne redoute ni les pluies, ni la grêle, ni l'extrême sécheresse. Les vicissitudes atmosphériques peuvent diminuer la récolte des pommes de terre, mais non la faire manquer entièrement. Avant l'introduction de ce précieux tubercule en Europe, la famine venait de temps en temps porter la désolation dans quelques-unes de nos contrées ; maintenant, il y a des années où la misère est grande, mais jamais, du moins, les aliments de première nécessité ne manquent entièrement. La pomme de terre peut très bien remplacer le pain : cuite sous la cendre, avec et même sans sel, c'est un manger agréable, un peu de beurre en fait un aliment délicieux. Quand il s'agit de manger la pomme de terre, un peu d'eau et du feu, ou même de la cendre chaude, suffisent. Le riche et le pauvre mangent ce tubercule avec un plaisir égal : l'un, pour se délasser d'une nourriture trop succulente ; l'autre, pour se consoler des mets recherchés qui lui manquent et dont il sait se passer.

D. MILLOT.

XLI. — Plantes industrielles

On désigne sous ce nom des plantes qui sont pour la plupart utilisées dans les arts industriels, ou qui subissent diverses préparations avant que leurs produits soient livrés au commerce ou à la consommation ; on les divise en quatre groupes : *oléagineuses, textiles, tinctoriales* et *économiques*.

Les plantes *oléagineuses* sont cultivées pour leurs graines, dont on extrait une huile alimentaire ou industrielle.

Le *colza* est la plus généralement cultivée de ces plantes ; c'est une variété ou peut-être une espèce de chou, qui donne de bons produits à la condition d'être semée dans un sol riche, meuble, frais et bien fumé. L'huile de colza, quand elle est fraîche, est assez bonne pour la cuisine; mais on l'emploie surtout pour l'éclairage.

La *navette* est une plante très voisine du colza; elle est moins exigeante quant au sol; mais son produit est moins abondant et n'est guère utilisé que dans l'industrie. On peut en dire autant de la *cameline*, dont le produit est appelé improprement huile *de camomille*.

Les tourteaux des graines oléagineuses sont employés comme aliment pour le bétail ou comme engrais.

Le *pavot* est une plante annuelle, comprenant plusieurs variétés, dont une, appelée *œillette*, est cultivée pour l'huile qu'on retire de ses graines. Il aime les sols légers, riches et profonds. Son huile est très bonne pour l'alimentation, mais peu estimée pour l'éclairage ou les usages industriels.

Les plantes *textiles* sont celles dont on extrait des fils propres à faire des étoffes, des tissus, des cordons et autres objets analogues; elles sont très nombreuses, mais deux seulement sont, en France, l'objet de cultures assez étendues.

Le *chanvre* est une plante annuelle, originaire des contrées chaudes de l'Asie. Il aime les sols riches, profonds, frais et de consistance moyenne; il réussit bien surtout dans les terrains d'alluvion, c'est-à-dire formés de couches de sable, de vase ou de limon déposées par les eaux courantes ou dormantes. Les tiges, qu'on récolte quand elles sont sèches, subissent l'opération du rouissage. Pour cela, on les fait tremper dans l'eau pendant quelque temps; puis, après les avoir fait sécher, on les bat ou on les broie pour en retirer les fibres textiles, appelées *filasse*. C'est avec celle-ci qu'on fait la plupart des étoffes ou tissus de fil, les toiles, les cordages, etc.

Le *lin* est aussi annuel; il nous vient de la Haute-Asie.

Cultivé surtout dans le nord, il préfère les terrains frais, bien ameublis et amendés avec du fumier bien consommé. On récolte les tiges de lin au commencement de l'été ; on les fait rouir et on les bat comme celles du chanvre. La filasse qu'on en retire sert aux mêmes usages que celle de ce dernier ; elle est plus fine, mais moins forte et de moindre durée.

Les plantes *tinctoriales* sont celles qui fournissent des matières colorantes employées dans l'art du teinturier.

La *garance* est une plante vivace, qui croît naturellement en France, et qu'on cultive en grand dans certains pays. Elle exige un terrain léger ou bien ameubli, profond, riche et copieusement fumé. A la fin de la seconde, ou mieux de la troisième année, on arrache les plantes, dont les tiges souterraines, improprement nommées racines, sont livrées au commerce, sous le nom d'*alizari*.

La *gaude*, appelée aussi *herbe à jaunir*, est une plante bisannuelle, du genre réséda, croissant en France, et cultivée de préférence dans les terres légères. On arrache les tiges vers la fin de l'été, quand elles commencent à jaunir.

Le *pastel*, qu'on appelle également *guède* ou *vouède*, est aussi une plante bisannuelle et indigène. Il ne craint pas le froid et se contente des terrains médiocres. On en retire une matière colorante bleue, analogue à l'indigo.

Le *safran* est une petite plante bulbeuse, dont les fleurs, ou plutôt les stigmates, servent à teindre en un jaune doré, brillant, mais peu solide ; on les emploie aussi dans la parfumerie. Le *carthame* est une espèce de chardon ; on l'appelle aussi *safranum* ou *safran bâtard*, et ses fleurs servent à teindre en rouge ou en rose.

Sous le nom de plantes *économiques*, on réunit les plantes industrielles, propres à divers usages, mais qui ne rentrent dans aucune des trois divisions précédentes.

Le *houblon* est une plante vivace, grimpante, croissant en Europe et cultivée dans les contrées du nord. La poussière jaune qui se trouve à la base de ses écailles florales, et qu'on appelle *lupuline*, sert à donner à la bière une amertume agréable, à la rendre plus tonique et plus aisée à conserver.

Nous trouvons encore dans ce groupe : le *tabac*, dont les usages divers ne sont que trop connus ; la *cardère* ou *chardon à foulon*, dont les têtes épineuses, appelées *cardes*, servent à carder les étoffes de laine ; la *moutarde noire*, dont les graines fournissent un condiment bien usité sur nos tables ; la *chicorée à café*, dont les grosses racines, torréfiées et moulues, remplacent souvent le véritable café, etc.

Le Lin

Le lin n'était pas seulement cultivé en Égypte, mais encore dans les Gaules et dans la Germanie, chez des nations que les Romains regardaient comme des barbares ou des sauvages. Dans les pays des environs du Pô, on fabriquait des étoffes de lin d'une finesse extrême. « Le fil, dit Pline, en est aussi fin que celui d'une araignée. »

Les tiges de lin ont besoin, avant d'être employées, d'une sorte de préparation, connue sous le nom de *rouissage*. A cet effet, on laisse macérer le lin, tel qu'il a été arraché, au fond d'une eau stagnante. Ce procédé était également pratiqué par les anciens, qui jugeaient le lin suffisamment roui lorsque son écorce était devenue plus lâche. En général, pour tout ce qui concerne les arts et l'industrie dépendant plus ou moins de la chimie, les anciens étaient plus avancés qu'on ne l'a jamais été au moyen âge.

Les voiles des navires et les draperies des théâtres étaient de lin. Jules César, élevé à la dictature, fit couvrir de toile de lin le grand Forum de Rome, ainsi que la rue Sacrée, qui aboutissait de son palais au Capitole.

Ferd. Hoefer.

XLII. — La Vigne

La *vigne* est un arbrisseau sarmenteux et grimpant, originaire de l'Asie, et cultivé aujourd'hui dans les régions tempérées des deux hémisphères, tantôt en grandes plantations ou vignobles, tantôt dans les jardins.

Cette espèce présente d'innombrables variétés, qu'on désigne ordinairement sous le nom de *cépages*, et quelquefois sous ceux de *plants* ou *complants*.

Parmi les nombreux cépages cultivés en France, et qui se distinguent surtout par la couleur, la forme et la grosseur du grain, nous citerons : l'*alicante*, l'*aramon*, les *blanquettes*, les *chasselas*, les *clairettes*, le *duras*, les *gamays*, le *grenache*, le *malvoisie*, le *mourastel*, les *muscats*, le *picardan*, les *pineaux*, le *pique-poule*, le *teinturier*, etc.

La vigne s'accommode à peu près de tous les sols, pourvu qu'ils ne soient pas humides à l'excès. Dans les terrains calcaires, chauds et secs, peu ou point fumés, on obtient des vins de qualité supérieure. Si au contraire on vise avant tout à la quantité du produit, on aura soin de planter dans des terres franches, grasses et riches, fraîches, et de donner d'abondantes fumures.

Comme beaucoup d'autres végétaux, la vigne se multiplie de toutes les manières. Cependant le semis n'est pas employé en grande culture; mais les pépiniéristes le pratiquent, surtout en vue d'obtenir des variétés nouvelles.

On propage le plus souvent la vigne par boutures, faites avec des rameaux d'un an, et mieux par *crossettes*, qui diffèrent des boutures proprement dites en ce que la base ou *talon* consiste en une petite portion de rameau ou *bois* de deux ans.

La vigne reprend très bien de marcottes, qui prennent ici le nom de *provins;* on emploie avantageusement ce procédé pour regarnir les vides dans une plantation.

La greffe, peu employée autrefois, a pris une certaine faveur depuis l'introduction des cépages américains, qui servent de sujet à nos bonnes variétés indigènes.

Les particularités que présente la végétation de la vigne ont fait donner des noms spéciaux à ses divers organes. Ainsi, on appelle *cep* ou *souche*, le pied ou la tige même; *bourgeon*, la pousse de l'année; *sarment*, le rameau développé; *pampre*, le rameau muni de feuilles; *courson*, la portion de sarment laissée par la taille; *œil*, le bourgeon naissant, et *gourmand*, un long sarment stérile ou peu productif.

D'après le développement qu'on laisse prendre aux ceps, on distingue : les vignes *basses*, dont la hauteur ne dépasse pas 0 ^{m}, 50 ; les vignes *moyennes*, qui mesurent 0 ^{m}, 50 à un mètre ; et les vignes *hautes*, appelées aussi *hautins* ou *hutins*, qui atteignent plusieurs mètres.

Dans le midi, les vignes basses ou moyennes se développent librement; mais dans le nord, où le climat est moins chaud, on redresse les sarments et on les fixe sur des échalas, pour que les raisins soient mieux exposés au soleil. Quant aux vignes hautes, s'il n'y a pas d'arbre dans leur voisinage, il faut leur donner pour appuis des perches plus ou moins élevées.

Les treilles diffèrent des hautains par leur plus grand développement, qui a pour limites les dimensions mêmes des murs ou des berceaux sur lesquels courent leurs rameaux ; on ne les voit guère, du reste, que dans les jardins.

Quand un vignoble a été planté, par les procédés ordinaires, il exige des soins d'entretien, rendus faciles par l'espacement régulier qui existe entre les ceps. Les labours à la pioche ou à la charrue, les binages, les sarclages, les buttages ont pour effet de favoriser la végétation de l'arbuste et de détruire les mauvaises herbes.

La taille de la vigne consiste à raccourcir plus ou moins les sarments, suivant le cépage ou le climat ; elle est complétée par diverses opérations, telles que l'ébourgeonnement et l'effeuillage, ou la suppression d'un certain nombre de bourgeons et de feuilles inutiles, en vue de favoriser le développement et la maturation des grappes.

La vigne est attaquée par quelques parasites végétaux ; le plus dangereux est l'*oïdium*, qui s'étend, sous forme de poussière blanchâtre très adhérente, sur les jeunes rameaux, les feuilles et les fruits ; on le combat à l'aide de la fleur de soufre, répandue sur les parties infestées.

Quelques insectes, tels que la pyrale, l'eumolpe, l'altise, attaquent aussi les jeunes sarments ; on leur fait la chasse et on les tue par divers moyens ; si on ne les détruit pas tout à fait, du moins on atténue beaucoup leurs dégâts.

Un ennemi bien plus redoutable est le *phylloxéra*, connu seulement depuis quelques années dans nos vignobles ; il attaque les feuilles, et aussi les racines des ceps de vigne, qu'il fait ainsi périr en peu de temps. On n'a pas trouvé jusqu'à ce jour de remède efficace et aisé à appliquer ; mais il y a lieu d'espérer qu'on y arrivera.

La vigne est un arbuste des plus utiles. Sans parler des sarments, des souches et du marc de raisin, qui donnent un excellent chauffage, et des feuilles, très recherchées par les bestiaux, le raisin, qui constitue le principal produit de ce végétal, est un des meilleurs fruits, sous tous les rapports. Aussi la culture des raisins de table est-elle une source abondante de revenus pour certains pays. On en fait encore, dans les ménages, des confitures très estimées.

Mais la principale utilité de la vigne, c'est de nous donner le vin, cette boisson si précieuse, pourvu qu'on n'en abuse pas, comme on le fait d'ailleurs des meilleures choses. La récolte des raisins destinés à cet usage, la vendange en un mot, est une occupation intéressante, on pourrait dire une longue fête, dans la vie rurale.

Les raisins ne doivent être cueillis que lorsqu'ils sont bien mûrs. Le vendangeur les coupe avec une petite serpette et les fait tomber dans son panier ; puis on les transporte au local spécialement destiné à la vinification.

Les grappes sont d'abord foulées, et le jus qui s'en écoule constitue le meilleur vin ; les raisins sont ensuite soumis à l'action d'un pressoir énergique. Après qu'on en a retiré à peu près tout le jus ou *moût*, on laisse fermenter celui-ci, et le vin est le produit définitif de l'opération.

Histoire de la Vigne

On peut croire que l'usage du vin est aussi ancien que le monde. On voit que presque chez tous les peuples de l'univers, dans les temps mêmes les plus reculés, l'une des principales parties du culte religieux consistait à offrir à Dieu du pain et du vin, pour le remercier d'avoir donné aux hommes la vie et ce qui en est le soutien.

La vigne, arbrisseau originaire d'Asie, passa bientôt en Europe. Les Phéniciens, qui voyagèrent de bonne heure sur toutes les côtes de la Méditerranée, la portèrent dans la plupart les îles et la répandirent dans le continent; elle réussit merveilleusement dans les îles de l'Archipel, ensuite elle fut portée successivement en Grèce et en Italie.

Pline était persuadé que les libations de lait, instituées par Romulus, et la défense faite par Numa d'honorer les morts en versant du vin sur leur bûcher, prouvaient que les vignes en ce temps-là étaient fort rares en Italie.

Elle s'y multiplièrent dans les siècles suivants, et quelques Gaulois qui en avaient goûté la liqueur conçurent dès lors le dessein de s'établir dans les lieux où elle croissait. La terre qui produisait un tel nectar leur parut un lieu divin.

Ils eurent bientôt attiré d'au delà des Alpes d'autres peuplades nombreuses de Gaulois, en envoyant de côté et d'autre plusieurs outres ou cruches de vin; aussitôt des armées de Berrichons, de Chartrains et d'Auvergnats renoncèrent aux glands de leurs forêts. Les Alpes ne purent les arrêter, nul péril ne les effraya, et ils allèrent conquérir les deux bords du Pô. Rendus maîtres de cette terre fortunée, ils s'appliquèrent à la culture du figuier, de l'olivier, et surtout de la vigne. Tel fut le motif de leur entreprise sur l'Italie.

C'est aux Gaulois établis le long du Pô que nous devons l'invention utile de conserver le vin dans des vaisseaux de bois exactement fermés, et de le contenir dans des liens, malgré sa fougue. Depuis ce temps la garde et le transport en devinrent plus aisés que quand on le conservait dans des vaisseaux de terre sujets à se briser, ou dans des sacs de peau sujets à se découdre ou à se moisir.

L'art de former des vignobles trouva dans la Bretagne et dans le nord de la Belgique des obstacles insurmontables du côté de la nature ; mais on en établit dans tous les pays où ils purent réussir.

Valmont de Bomare.

XLIII. — Cultures fruitières

Les arbres fruitiers, comme nous l'avons vu, appartiennent surtout aux jardins. Toutefois, il est certaines essences qu'on peut avantageusement cultiver en grand dans les champs, soit que leurs fruits, de transport et de conservation faciles, entrent directement dans le commerce et dans la consommation, soit qu'ils servent à fabriquer des boissons fermentées, des huiles ou d'autres produits commerciaux.

La *vigne*, dont nous venons de parler, rentre dans cette atégorie, parce que la majeure partie de la récolte est mployée à faire le vin.

Le *pommier* est un arbre fruitier de grande culture ; ans quelques localités, on préfère les variétés à fruits oux, parce que leurs produits peuvent s'exporter en quantités notables dans les grands centres de consomation.

Dans d'autres pays, surtout dans ceux dont le climat ne e prête pas à la culture de la vigne, on cultive le pomier pour en obtenir le cidre. Là, on plante bien encore uelques pommiers à fruits doux ; mais les variétés à fruits mers ou acides sont celles qui dominent généralement ans les plantations.

On propage le plus souvent le pommier par la translantation de jeunes sujets pris dans les pépinières. uand cet arbre est planté dans les champs consacrés à 'autres cultures, il profite des labours et des autres çons que l'on donne à celles-ci. Mais quelquefois on lui onsacre un terrain spécial, et alors il faut donner ces çons.

La taille du pommier à cidre n'est pas compliquée ; elle

doit être modérée. Mais il faut enlever avec soin le gui, les mousses et les autres végétaux parasites, et détruire les pucerons dont il est parfois infesté.

Quand on voit quelques fruits tomber d'eux-mêmes, on secoue l'arbre et les branches pour faire tomber ceux qui sont mûrs ; plus tard on détache les autres avec la gaule. Ces fruits sont mis sous le pressoir, et le jus obtenu, après avoir fermenté, donne le cidre.

Le *poirier* présente également des variétés à fruits doux et d'autres à fruits âpres. Ces derniers servent ' fabriquer le *poiré*, boisson analogue au cidre, mai moins agréable et moins répandue. Sa culture ne diffère pas sensiblement de celle du pommier. — Quant au *cormé* on le retire des cormes ou fruits du *cormier*.

Le *noyer* est un grand arbre, originaire d'Orient, e cultivé surtout dans le centre et le midi de la France. 1 offre d'assez nombreuses variétés, dont la plus intéres sante est le noyer de la Saint-Jean, très tardif, et que pour cette raison, on doit préférer dans les pays froids.

Cet arbre aime les sols meubles, frais et profonds. O lui consacre ordinairement un terrain spécial, parce qu'' nuit beaucoup aux autres végétaux cultivés dans son voi sinage immédiat. On le propage le plus souvent en sema des noix en pépinière ; on greffe les jeunes sujets, on l repique, et, quand ils sont assez forts, on les plante demeure ; ils ne demandent plus ensuite que les façoi ordinaires.

On commence la récolte des noix à l'automne. Com1 ce fruit peut, avec les soins convenables, se conserv d'une année à l'autre, on en exporte beaucoup dans nord ; c'est un bon aliment, pourvu qu'on n'en abuse pa

On retire des noix une grande quantité d'huile, qui var de qualité suivant le mode de fabrication. Fraîche, elle e douce, et peut servir pour la cuisine. Mais on l'emploie en général dans l'industrie. Comme elle est très siccative, la peinture en fait un usage continuel.

L'*olivier* est un arbre de moyenne grandeur, à feuillage persistant. Originaire de l'Orient, il est très répandu dans tous nos départements qui bordent la Méditerranée, et a produit de nombreuses variétés.

Il a l'avantage de croître dans les plus mauvaises terres, même arides ou rocailleuses ; mais il donne de meilleures récoltes dans les sols profonds, riches et bien fumés.

L'olivier est facile à multiplier ; on le propage ordinairement par éclats de souches, rejets enracinés, boutures de rameaux ou de racines, rarement par semis. On peut le planter presque en toute saison.

Cet arbre exige beaucoup de soins de culture ; la taille consiste à raccourcir les rameaux trop vigoureux, à supprimer les gourmands ou rejets stériles, les branches mortes ou souffrantes, et à éclaircir les parties trop touffues.

Les olives se récoltent à la fin de l'automne ; on les fait confire pour leur enlever leur amertume et les faire entrer dans l'alimentation.

L'huile d'olive est la plus estimée pour les usages culinaires ; on l'emploie aussi en médecine, dans les arts industriels et pour l'éclairage.

Le Pommier

Le pommier commun a une importance presque aussi grande que celle de la vigne ; un grand nombre de nos départements trouvent dans ses abondantes récoltes des produits alimentaires bien précieux, tant pour la table que pour le cidre que l'on en extrait. Il donne aussi un bois très recherché, soit pour le chauffage, soit pour la gravure en relief, la menuiserie et l'ébénisterie.

On peut affirmer, d'après les divers auteurs qui se sont occupés de ces recherches, que les diverses sortes de pommes que nous cultivons aujourd'hui pour le cidre ou pour la table ont toutes pour type le pommier commun, qui a existé de tout temps à l'état sauvage dans les parties tempérées de l'Asie et de l'Europe. Les Romains, d'après Columelle, connaissaient parfaitement cette boisson sous le nom de *vin de pommes.*

Les Gaulois paraissaient avoir fait du cidre dès les temps les plus reculés ; mais ils employèrent d'abord les fruits des pommiers sauvages. La culture de ces arbres en France remonte au moins au Ve siècle, puisque la loi salique parle des plants de pommiers. D'après Fortunat de Poitiers, le jus fomenté de la pomme apparaissait sur la table d'une reine de France, sainte Radégonde, dès 587.

Dans les domaines de Charlemagne, au VIIIe siècle, on fabriquait du cidre. Quelques auteurs pensent que les pommiers à cidre ont été introduits en Normandie par les marins de Dieppe, Honfleur, etc., et qu'ils prirent cet arbre en Biscaye, où ils entretenaient de nombreuses relations vers 1500. Il est probable qu'ils introduisirent chez nous quelques bonnes variétés de cet arbre. Mais ce qui précède démontre que la fabrication du cidre existait en France longtemps avant cette époque.

Cette liqueur a dû être d'un usage presque général dans les Gaules, jusqu'au moment où la culture de la vigne, introduite par les Romains, est venue fournir une boisson plus agréable. Mais, dès que le déboisement successif du sol priva les vignobles de leur abri contre la rigueur du climat, la vigne disparut progressivement des parties les plus froides du territoire et y fut remplacée de nouveau par les arbres à fruits à cidre.

Quant à l'origine du nom donné au jus fermenté de la pomme, elle remonte aussi à une époque très reculée.

Aujourd'hui, la culture des arbres a fruits à cidre a presque entièrement atteint, en France, le développement dont elle était susceptible.

A. Du Breuil.

XLIV. — Cultures arbustives

Nous réunissons sous ce titre quelques espèces d'arbres, arbrisseaux et arbustes, que l'on soumet à une culture soignée, non pour leurs fruits, généralement impropres aux usages alimentaires, mais pour d'autres produits (écorces, feuilles, graines, etc.) dont l'industrie sait tirer parti.

Le *mûrier* est un genre d'arbres qui comprend plusieurs espèces. Le mûrier blanc, qui est le plus connu, est un arbre de moyenne grandeur, originaire des contrées tempérées de l'Asie, et dont la culture est aujourd'hui répandue, notamment dans le sud-est de la France.

Cet arbre aime les terrains frais, profonds et bien fumés. On le multiplie surtout par boutures. Le principal produit de cet arbre est sa feuille, qui sert à nourrir les vers à soie ; on la récolte donc au fur et à mesure des besoins, c'est-à-dire à l'époque où la végétation est dans sa plus grande période d'activité.

L'arbre étant ainsi complètement dépouillé en plein été, on a soin, dans le midi, de le tailler aussitôt que la cueillette des feuilles est terminée. Mais, dans les pays plus froids, il est bon d'attendre une saison plus favorable, c'est-à-dire la fin de l'hiver.

Le *mûrier blanc* peut encore servir à d'autres usages. Les feuilles conviennent à la nourriture du bétail. Les fruits, sans être de qualité supérieure, sont comestibles, et les animaux de basse-cour en sont très friands. L'écorce, rouie comme le chanvre, donne une excellente filasse. Enfin, le bois est bon pour l'ébénisterie.

Le *mûrier noir* peut remplacer jusqu'à un certain point le mûrier blanc. Ses feuilles sont bien moins estimées pour la nourriture des vers à soie ; mais ses fruits sont meilleurs, et on peut en extraire de l'alcool.

Le *mûrier à papier*, appelé aussi *mûrier du Japon*, est assez répandu dans le midi de la France. Il aime les terrains meubles, et se propage très facilement de boutures et de drageons. Son écorce et ses jeunes rameaux contiennent des fibres textiles dont on peut faire des étoffes et du papier. Mais on est loin d'en avoir tiré, sous ce rapport, tout le parti possible.

Le genre *saule* renferme un certain nombre d'arbres et d'arbrisseaux dont les rameaux, coupés très jeunes, sont désignés sous le nom d'*osier*, et servent à faire des liens, des corbeilles et autres ouvrages de vannerie.

Les oseraies demandent un sol profond, riche, assez consistant, frais ou un peu humide ; les terrains d'alluvion leur conviennent par dessus tout. On les établit ordinairement dans les bas-fonds, au bord des eaux. Les saules à osier reprennent très bien de bouture, et on ne les propage guère que par ce moyen.

Le *sumac* est un arbrisseau, qui croît naturellement dans le midi de la France, où il est fréquemment cultivé. On le propage de semis, ou de drageons, qu'il produit en abondance. Tous les deux ou trois ans, vers la fin de juillet, on coupe ses rameaux ; après les avoir fait sécher, on les réduit en poudre pour les livrer au commerce. Le sumac sert à tanner les peaux fines dont on fait les maroquins ; on l'emploie aussi pour teindre en noir.

Le *chêne-liège* est un arbre à feuilles persistantes, caractérisé surtout par son écorce, qui acquiert une épaisseur considérable; c'est cette écorce qu'on enlève, tous les dix à douze ans environ, et qui forme le liège, dont les usages sont bien connus. L'arbre est cultivé sur le littoral de l'Océan et de la Méditerranée.

Les arbres et arbrisseaux à parfums forment, dans la catégorie des végétaux qui nous occupent, un groupe très intéressant. Malheureusement, la France n'en possède qu'un petit nombre, et on ne peut guère les cultiver avec succès que sous le climat chaud de la Basse-Provence.

Le *rosier*, outre les produits employés en médecine, fournit encore à la parfumerie l'eau de roses, et surtout l'essence de roses. C'est le rosier des quatre-saisons que l'on cultive de préférence, comme le plus odorant.

Le *jasmin d'Espagne* a de grandes fleurs blanches, d'un arome des plus suaves, mais qu'elles perdent rapidement; aussi a-t-on soin de les livrer aux parfumeurs aussitôt après leur récolte, qui a lieu à l'automne.

L'*oranger* et le *bigaradier*, connus surtout par leurs fruits, ont aussi des fleurs odorantes, dont on obtient l'eau de fleurs d'oranger, ou, comme on dit, de fleurs d'orange; on les cueille quand elles sont près de s'épanouir.

La *cassie de Farnèse* ou *casse du Levant* est un petit arbre à feuillage élégamment découpé et à petites fleurs jaunes, réunies en boule. Ces fleurs, d'une odeur agréable, sont employées dans la parfumerie.

Le Mûrier

Il paraît démontré que les Chinois sont le premier peuple qui ait cultivé le mûrier et élevé le ver à soie; de chez eux, sa culture a passé en Perse. Sous l'empereur Justinien, des moines apportèrent en Grèce les semences du mûrier, et ensuite les œufs de l'insecte qu'il nourrit. Environ vers l'an 1440, on commença à cultiver cet arbre en Sicile et en Italie; et sous Charles VII, quelques pieds furent transportés en France. Plusieurs seigneurs, qui avaient suivi Charles VIII dans les guerres d'Italie, en 149, transportèrent de Sicile plusieurs pieds en Provence, et surtout dans le voisinage de Montélimart. On dit qu'on voit encore ces premiers arbres. Ce roi en fit distribuer dans les provinces, et il accorda une protection distinguée aux manufacturiers de soieries de Lyon et de Tours. Henri II travailla à multiplier les mûriers; mais Henri IV, malgré les oppositions formelles de Sully, en établit des pépinières. Sous Louis XIII cette branche de l'agriculture fut négligée. Colbert, qui faisait consister la prospérité d'un état uniquement dans le commerce, comprit tout l'avantage qu'on pouvait et qu'on devait retirer du mûrier; il rétablit les pépinières royales.

F. ROZIER.

XLV. — Arbres forestiers

Les *arbres forestiers* sont, comme leur nom l'indique, ceux qui croissent dans les forêts, et dont le bois constitue le produit principal. Parmi ces arbres, les uns sont indigènes et croissent naturellement ou presque sans culture; les autres sont étrangers ou exotiques; introduits à diverses époques dans nos bois, par des plantations ou des semis artificiels, ils s'y sont plus ou moins naturalisés.

Les essences forestières se divisent en plusieurs catégories, suivant leur mode de végétation, les dimensions qu'elles atteignent, la nature et la qualité de leur bois, etc.

On distingue d'abord deux grands groupes : les *arbres* ou *bois feuillus,* les *arbres* ou *bois résineux.*

Les arbres feuillus, sauf de rares exceptions, ont des feuilles plus ou moins élargies et tombant aux approches de l'hiver ; leurs sucs sont aqueux ou gommeux. Lorsqu'on coupe ces arbres au pied, ils produisent de nouveaux rejets ; en d'autres termes, ils repoussent de souche.

Les arbres résineux, appelés aussi conifères ou arbres verts, ont des feuilles étroites ou linéaires, presque toujours persistantes ; leurs sucs sont résineux. Ils ne repoussent pas de souche quand on les coupe à la base.

Les arbres feuillus se subdivisent à leur tour en deux classes, suivant le degré de résistance de leur bois. On distingue les arbres à bois dur, ou simplement les *bois durs*, et les arbres à bois tendre ou mou, généralement appelés *bois blancs*.

Les bois durs comprennent : le *chêne*, le *hêtre*, le *charme*, le *châtaignier*, l'*orme*, le *frêne*, l'*érable*, l'*alisier*, le *sorbier*, le *merisier*, le *robinier* ou *acacia*, l'*ailante* ou *vernis du Japon*, le *platane*, etc.

Les bois blancs sont : le *bouleau*, l'*aune*, le *saule*, le *peuplier*, le *tilleul*, le *marronnier d'Inde*, etc.

On trouve encore dans les forêts un certain nombre d'arbrisseaux et d'arbustes, tels que le *noisetier*, le *sureau*, la *bourdaine*, le *nerprun*, le *cornouiller*, le *fusain*, le *troëne*, le *buis*, le *houx*, les *genêts*, les *ronces*, les *bruyères*, etc.

Les arbres résineux ou bois résineux comprennent : les *pins*, le *sapin*, l'*épicéa*, le *mélèze*, le *cèdre*, les *séquoïas*, le *cyprès*, l'*if*, le *thuya*, le *genévrier*, etc.

La nature des végétaux ligneux qui peuplent les forêts, leur organisation, leur mode de végétation, leur croissance, la manière dont ils se reproduisent influent puissamment sur le procédé ou le mode d'exploitation à leur appliquer. Ces modes peuvent se réduire à trois principaux : le *taillis*, la *futaie* et le *taillis sous futaie*.

Un *taillis* est un massif d'arbres exploités à un âge peu avancé, n'atteignant par conséquent que de faibles dimensions, et se reproduisant par les rejets des souches. Les bois feuillus peuvent donc seuls être exploités de cette manière.

Une *futaie* présente au contraire des arbres très âgés et par suite très grands ; ils se reproduisent le plus souvent par leurs graines. Ce mode d'exploitation est donc le seul qui convienne aux arbres résineux.

Souvent on cherche à réunir, autant que possible, les avantages du taillis et ceux de la futaie. Pour cela, quand on exploite un taillis, on laisse debout un certain nombre d'arbres, choisis parmi les plus beaux et les plus vigoureux et qu'on appelle *réserves* ou *baliveaux*, formant la futaie.

Il est généralement admis que les arbres des forêts viennent tout seuls et sans culture, et que par conséquent il n'y a qu'à les abattre au fur et à mesure des besoins, à les exploiter en un mot, comme on exploite, par exemple, une mine ou une carrière. C'est là une très grave erreur.

Sans doute, l'étendue considérable des massifs forestiers ne permet pas de leur appliquer les procédés de culture soignée employés pour les plantes agricoles. Mais il y a néanmoins une certaine culture, qui se confond en quelque sorte avec l'exploitation, en ce sens que celle-ci doit non pas se faire au hasard et sans suite, mais être conduite de manière à favoriser la végétation et surtout à assurer la reproduction ou le repeuplement.

Ce repeuplement peut être naturel ou artificiel ; dans le premier cas, il s'opère, comme nous l'avons dit, par les rejets des souches pour les arbres feuillus, et par les graines pour toutes les essences. Dans le second, il comporte les semis opérés de main d'homme et les plantations ; on n'y a guère recours que dans des circonstances exceptionnelles ; mais quelquefois il devient indispensable, par exemple, quand il s'agit de regarnir des clairières ou des places vides d'une grande étendue, et, à plus forte raison pour créer de nouveaux massifs.

Un massif boisé, pour peu qu'il ait une certaine étendue, ne doit pas, sauf dans des cas tout à fait exceptionnels, être exploité ou abattu entièrement en une seule fois. On est dans l'usage de répartir l'opération sur un certain nombre d'années, de telle sorte que les arbres ne soient abattus que lorsqu'ils ont acquis les dimensions et les qualités voulues, et qu'on obtienne tous les ans un revenu aussi égal que possible ; c'est ce nombre d'années qu'on nomme la *révolution*.

La répartition elle-même peut se faire de diverses manières. La plus simple et la plus naturelle consiste à couper çà et là, dans la forêt, en raison des besoins, les pieds d'arbres qui présentent les conditions requises. Cette méthode qu'on appelle *jardinage*, s'applique aux bois de faible étendue, comme aux grandes forêts situées sur des terrains en pente, et qu'il est prudent de ne dégarnir que par petites places.

Mais, dans la généralité des cas, la forêt est mise *en coupes réglées* ; pour cela, on divise sa surface en autant de parties égales qu'il y a d'années dans la révolution ; tous les ans on exploite une de ces parties ; l'ordre dans lequel elles doivent être abattues est ordinairement déterminé et arrêté d'avance ; c'est en cela que consiste l'*assiette des coupes*.

Le bois, qui constitue le produit essentiel des forêts, se divise en deux grandes catégories. Le bois *d'œuvre* comprend les pièces destinées à la charpente, à la marine, aux arts industriels, à la menuiserie, à l'ébénisterie, etc. Le bois *de chauffage* sert à alimenter nos foyers, où il arrive, soit en nature, soit après avoir été préalablement converti en charbon.

La Forêt

Dans les vieilles forêts où la sève à grands flots
Court du fût noir de l'aune au tronc blanc des bouleaux,
Bien des fois, n'est-ce pas ? à travers la clairière,
Pâle, effaré, n'osant regarder en arrière,
Tu t'es hâté, tremblant et d'un pas convulsif,
O maître Albert Dürer ! ô vieux peintre pensif !

On devine, devant tes tableaux qu'on vénère,
Que dans les noirs taillis ton œil visionnaire
Voyait distinctement, par l'ombre recouverts,
Le faune aux doigts palmés, le sylvain aux yeux verts,
Pan qui revêt de fleurs l'antre où tu te recueilles,
Et l'antique dryade aux mains pleines de feuilles.
Une forêt pour toi, c'est un monde hideux.
Le songe et le réel s'y mêlent tous les deux.

Là se penchent rêveurs les vieux pins, les grands ormes,
Dont les rameaux tordus font cent coudes difformes ;
Et dans ce groupe sombre agité par le vent,
Rien n'est tout à fait mort ni tout à fait vivant.
Le cresson boit ; l'eau court, les frênes sur les pentes,
Sous la broussaille horrible et les ronces grimpantes,
Contractent lentement leurs pieds noueux et noirs,
Les fleurs au cou de cygne ont des lacs pour miroirs ;
Et sur vous qui passez et l'avez réveillée,
Mainte chimère étrange à la gorge écaillée,
D'un arbre entre ses doigts serrant les larges nœuds,
Du fond d'un antre obscur fixe un œil lumineux.
O végétation ! esprit ! matière ! force ! !
Couverte de peau rude ou de vivante écorce !

Aux bois, ainsi que toi, je n'ai jamais erré,
Maître, sans qu'en mon cœur l'horreur ait pénétré,
Sans voir tressaillir l'herbe, et, par le vent bercées,
Pendre à tous les rameaux de confuses pensées.
Dieu seul, ce grand témoin des faits mystérieux,
Dieu seul le sait, souvent, en de sauvages lieux,
J'ai senti, moi qu'échauffe une secrète flamme,
Comme moi palpiter et vivre avec une âme,
Et rire, et se parler, dans l'ombre à demi-voix,
Les chênes monstrueux qui remplissent les bois.

VICTOR HUGO.

CHAPITRE VI

LE BÉTAIL

XLVI. — L'Élevage

Le règne animal intéresse l'homme à bien des points de vue. Ses innombrables espèces peuvent, en dehors de toute classification scientifique, et seulement en ce qui concerne leurs rapports avec le cultivateur, être réparties en trois catégories; les unes sont utiles, les autres nuisibles, et il en est beaucoup d'indifférentes.

L'action, bonne ou mauvaise, des animaux peut s'exercer de diverses manières; de là plusieurs groupes ou subdivisions secondaires à établir dans les trois catégories que nous venons d'indiquer, au moins dans les deux premières.

En ce qui regarde particulièrement les animaux utiles, on peut les diviser, au point de vue pratique, suivant la nature des services qu'ils nous rendent.

Les uns sont les auxiliaires de l'homme, gardent sa maison, lui fournissent des moyens de transport ou des agents de travail, ou détruisent les animaux nuisibles ; tels sont, entre autres, le chien, le chat, le cheval, l'âne, et les animaux destructeurs d'insectes.

Les autres concourent à son alimentation, en lui donnant leur chair, leur graisse, leur lait, leurs œufs, etc. ; il suffit de nommer le bœuf, le mouton, le cochon, les animaux de basse-cour, le gibier, le poisson.

D'autres encore lui fournissent des substances médicinales ou industrielles, comme la cantharide, le ver à soie, l'abeille, la cochenille.

Enfin, il en est qui contribuent à ses plaisirs ou à l'agrément de son habitation ; tels sont les chiens de luxe, les oiseaux de volière ou d'appartement.

Un animal peut du reste appartenir à la fois à deux de ces groupes ; c'est ainsi que le bœuf, qui alimente nos boucheries, est fréquemment employé, dans nos campagnes, aux labours ou aux charrois.

Les animaux qui méritent au plus haut degré de nous occuper sont ceux qu'on appelle *domestiques*, du mot latin *domus*, maison. Ces espèces vivent en effet à la maison, ou tout au moins dans ses dépendances, restent toujours soumis à l'empire de l'homme, sont nourris, élevés, multipliés par ses soins, en échange desquels ils lui rendent les services variés que nous venons d'énumérer.

On désigne plus particulièrement sous le nom de *bétail* les animaux de la classe des mammifères que l'homme s'est soumis, et qui sont ordinairement réunis en bandes ou en troupeaux. On distingue le gros bétail, comprenant le cheval, l'âne et le bœuf, et le petit bétail, auquel appartiennent le mouton, la chèvre et le cochon.

Les animaux plus petits, tels que les lapins, et les oiseaux domestiques sont du domaine de la basse-cour.

Au point de vue particulier de la spéculation agricole, on appelle animaux *de travail* ou *de trait* ceux qu'on emploie principalement, ou même exclusivement, au labourage ou aux transports, comme le cheval, l'âne et le bœuf; animaux *de rente* ou *de produit*, ceux dont on n'exige aucun travail, mais qu'on élève en vue de les vendre ou d'en retirer des produits propres à la vente, comme le mouton, la chèvre, le cochon, les lapins, etc.

Chaque espèce domestique présente des races ou des variétés plus ou moins nombreuses.

On désigne sous le nom d'*aptitudes* les dispositions naturelles qui font que tel animal est propre ou apte au travail, à l'engraissement, à la production du lait, etc.

L'éducation des animaux, objet d'une science toute moderne, la *zootechnie*, consiste à les élever, à les entretenir en bon état, à développer leurs aptitudes et à en tirer le meilleur parti possible.

Les soins à donner aux animaux domestiques se divisent en soins *généraux*, qui s'appliquent à tous, et en soins *spéciaux*, qui concernent telle ou telle catégorie. C'est des premiers que nous devons nous occuper ici, renvoyant pour les autres à l'étude détaillée des espèces.

Les soins généraux sont assez variés; mais on peut les rattacher à trois chefs principaux : ils ont pour objet l'habitation, la nourriture ou le traitement.

Le logement des animaux doit être assez grand pour qu'ils puissent s'y mouvoir à l'aise et avoir la quantité d'air nécessaire; le sol doit être bien drainé, de telle sorte que les liquides ne puissent y séjourner; enfin, il faut que la plus grande propreté y règne constamment.

Sous le rapport du régime alimentaire, on distingue les espèces *carnivores*, qui se nourrissent de chair ou de matières animales; *herbivores*, qui mangent de l'herbe ou des feuilles ; *granivores*, qui se nourrissent de grains ; *omnivores*, qui s'accommodent à peu près de tout.

Chaque animal doit recevoir une nourriture suffisante, substantielle et de bonne qualité. Cette nourriture varie selon les espèces ou les races, et aussi suivant l'objet auquel on les destine (engraissement, travail, etc.).

Les animaux sont nourris, tantôt à l'étable, tantôt à l'extérieur, dans les prés ou les champs. C'est ce qu'on appelle la *stabulation* dans le premier cas, le *pâturage* dans le second. Le plus souvent on adopte un régime mixte, qui participe des deux précédents.

Les aliments qu'on donne au bétail ont souvent besoin d'être soumis à une préparation préalable ; ainsi, on divise la paille et le foin avec le hache-paille, les racines et les tubercules avec le coupe-racines ; on concasse, à l'aide de divers appareils, les grains trop durs et les tourteaux. On fait cuire les aliments trop secs ou de qualité inférieure ; enfin, on y ajoute une certaine dose de sel marin.

On doit, dans la manière de traiter les animaux, savoir allier la fermeté avec la bonté et la douceur ; il faut éviter soigneusement de les effrayer, de les irriter ou de les frapper brutalement ; on ne pourrait ainsi que les rendre méchants. Enfin, on ne leur imposera jamais un travail au-dessus de leurs forces.

Le Troupeau commun

Avez-vous assisté au départ et à la rentrée du troupeau commun du village ? Le pâtre de ce troupeau n'est pas un pâtre ordinaire appartenant à Pierre ou à Paul ; il appartient à tous, et n'est le domestique de personne ; il est pâtre du village, choisi et nommé par monsieur le Maire. Chaque matin, à l'heure fixée par le règlement, le pâtre quitte sa demeure et suit gravement et lentement la rue du village; son chien marche derrière lui. Le pâtre fait, de temps en temps, résonner sa corne. Cet instrument est peu harmonieux, il est vrai, mais il est sonore, il fait plus de bruit que de musique ; c'est tout ce qu'il faut. A cet appel bien connu, les habitants s'empressent d'ouvrir leurs étables et trouvent leurs vaches, leurs ânes, leurs chèvres attendant le moment et prêts à partir. Le pâtre passe, les animaux sortent et défilent devant lui, se rangent et se réunissent en marchant; le troupeau se forme et se rend à la pâture commune, dont il connaît bien le chemin. Là, on rompt les rangs ; chaque animal, suivant son appétit et selon son goût, mange l'herbe qu'il préfère. A la fin de la journée, le pâtre rappelle et rassemble ses bêtes, et les ramène au village.

A. ARNOUL.

XLVII. — Le Chien et le Chat

Avant de nous livrer à l'étude du bétail, il est bon de faire connaître deux animaux essentiellement domestiques, car ils sont attachés surtout au service de la maison. Il s'agit du *chien* et du *chat*, dont l'antipathie est passée en proverbe, bien qu'ils vivent sous le même toit.

Le chien est domestiqué dès la plus haute antiquité; mais on n'est pas d'accord sur son origine. Il présente un grand nombre de races, qui diffèrent par la taille, le pelage, le tempérament, la vigueur et les aptitudes. Nous dirons ici quelques mots des plus intéressantes.

Le *barbet* ou caniche se place au premier rang, sous le rapport de l'intelligence, des qualités morales et des services qu'il rend. Il s'attache beaucoup à ses maîtres et se montre reconnaissant des soins et des caresses qu'on lui accorde. C'est presque toujours lui qui guide les pas incertains du pauvre aveugle; c'est encore au barbet qu'appartient le type si connu et si populaire du *chien de régiment*.

Le *chien du mont Saint-Bernard* est devenu célèbre par les services qu'il rend pour la recherche des voyageurs égarés dans les neiges des Alpes.

Le *chien de troupeau* est généralement de grande taille et de formes élancées, ayant sous ce rapport quelque analogie avec le loup. On distingue le *chien de berger*, employé pour la garde des moutons, et le *chien de toucheur*, pour celle des bœufs. C'est une excellente race, obéissante au maître, douce pour les bestiaux, mais rude pour les loups. C'est de la Brie que viennent les meilleurs chiens de berger.

Les *chiens de garde* appartiennent à plusieurs races, dressées spécialement à cet usage, à cause de leur force : comme ces chiens ont l'oreille fine, ils aboient au moindre bruit inaccoutumé et donnent ainsi l'éveil. On met ordinairement autour de leur cou un collier garni de pointes, afin que leurs ennemis ne puissent les prendre à la gorge. A cette catégorie appartiennent : le *dogue*, grand, robuste, trapu, très fort; le *bouledogue*, qui possède les mêmes qualités, malheureusement gâtées par quelques défauts, car il est indocile, féroce et souvent dangereux ; le *mâtin* ou *molosse*, aussi grand que le dogue, mais de formes plus élancées ; le *chien de Terre-Neuve*, bon compagnon, gardien fidèle, excellent nageur et pêcheur, et surtout grand sauveteur de noyés.

Les *chiens de chasse* forment deux grandes catégories. Les *chiens courants* chassent en quelque sorte comme pour eux, suivent le gibier en aboyant et finissent par l'atteindre ou le forcer. On les réunit en meutes, pour les grandes chasses à courre. On range dans ce groupe les lévriers, les griffons, les bassets, les chiens de Saint-Hubert, et beaucoup d'autres qui peuvent être dressés à cet usage. — Les *chiens d'arrêt* suivent en silence la piste du gibier, de manière à amener le chasseur près de lui ; tels sont surtout les braques et les épagneuls.

Parmi les autres races utiles, on peut citer encore les chiens employés, dans les contrées du nord, pour être attelés à des traîneaux ou à des chariots ; les *bull-terriers* ou *ratiers*, chiens de petite taille, qu'on dresse à chasser et à détruire les rats ; les *roquets*, peu redoutables par eux-mêmes, mais qui, ayant l'habitude de se cacher sous les meubles et d'aboyer beaucoup, peuvent être rangés parmi les chiens de garde.

On comprend sous le nom de *chiens de luxe* ou *d'appartement* des espèces recherchées pour leur petite taille, leurs formes élégantes ou leur pelage soyeux. Nous citerons dans ce groupe : le *carlin*, très recherché autrefois, presque abandonné aujourd'hui, parce qu'il est criard et peu affectueux ; le *griffon*, qui fait aussi un assez bon chien de chasse, quand il est bien dressé ; le *king-charles*, petite race d'origine anglaise, mais bien dégénérée ; la *levrette*, dont les formes sont si fluettes et le tempérament si délicat ; le *chien-loup,* hargneux et poltron, mais fidèle et attaché à son maître ; les *bichons*, à poil laineux ou soyeux, parmi lesquels on distingue surtout le *bichon havanais ;* etc.

En général, les chiens ne doivent être ni trop gâtés ni trop rudoyés. Il ne faut ni les agacer ou les irriter, ni les laisser courir et aboyer à tout propos. On doit encore les tenir très propres, les baigner ou les laver souvent, et cette propreté doit s'étendre aux niches où ils sont logés. Quant au régime, à l'exercice, au dressage, ils dépendent de l'emploi auquel on destine ces animaux.

Tandis que le chien est surtout fidèle à l'homme, le *chat* s'attache de préférence à la maison. Son utilité la plus réelle consiste dans la chasse continuelle qu'il fait aux rats et aux souris. Toutefois l'industrie tire un assez bon parti de sa peau ou de sa fourrure.

Le chat présente quelques races bien distinctes. Le vrai *chat sauvage* est devenu très rare en France; mais on désigne quelquefois sous ces noms des chats domestiques qui, ayant l'instinct de la chasse très développé, abandonnent les maisons, s'établissent dans les bois et reviennent à la vie sauvage.

Le *chat domestique commun* a le pelage soyeux et tigré; moins carnassier que le chat sauvage, il conserve néanmoins des habitudes vagabondes. La race dite d'Espagne a un pelage brillant, tacheté de blanc, de noir ou de roux.

Le *chat d'Angora*, race très éloignée du type primitif, a le poil doux, soyeux, très long, généralement blanc. Moins carnassier, moins vif que le chat ordinaire, il est plus doux et plus familier, mais aussi plus indolent, et bien moins apte à la chasse des rats et des souris.

Le chat aime la chaleur en hiver, tandis qu'en été il recherche, pour dormir, les endroits les plus frais. Cet animal est très propre. Peu ou point caressant pour l'homme, il aime néanmoins d'être caressé par lui. Les petits chats sont d'un caractère très gai, très vif, très joueur; mais ils ne tardent pas à changer, et leur naturel indocile les rend incapables d'une éducation suivie.

L'homme et le Chien

L'homme trouvant un animal si merveilleusement disposé à lui obéir, semble s'être complu à le mettre à l'épreuve. Il lui a tout demandé, et en a tout obtenu. Pour lui, le chien s'est fait bête de somme, bête de trait, de guerre, de garde, de chasse, de pêche, animal de ferme et de salon, d'écurie et de boudoir; quand le gibier, le poisson, le bétail ont manqué, il s'est transformé en animal de boucherie; avec l'homme il a émigré d'île en île, de continents en continents; il l'a suivi sur les glaces du pôle et dans les sables brûlants, dans les déserts et dans les cités, sous le chaume et dans les palais. Partout en un mot, l'homme a eu à ses côtés le chien, toujours utile, souvent indispensable, pour satisfaire tantôt aux mille caprices du luxe et de la mode, tantôt aux plus impérieux besoins.

Pour répondre à des exigences aussi diverses, le sentiment dont parle Buffon, même secondé par une intelligence sans égale chez les animaux, eût été bien insuffisant. Il fallait encore une organisation singulièrement flexible, un corps prêt à se transformer en vue du but à atteindre. Ni l'un ni l'autre n'ont fait défaut.

Pour forcer le lièvre à la course, le chien a allongé et effilé ses jambes; pour débusquer le blaireau ou le renard, il les a tordues et raccourcies; pour terrasser les loups, coiffer les sangliers ou lutter contre des ennemis plus formidables encore, il a grandi sa taille, fortifié ses os et ses muscles, allongé ses crocs; pour pénétrer dans le hamac des créoles ou le manchon des marquises, il a réduit tout son être et s'est fait miniature de lui-même.

Qu'est donc cet étrange Protée qui se métamorphose à chaque instant pour mieux nous servir et nous plaire? Est-il le produit d'un croisement séculaire entre plusieurs espèces qui auraient pour ainsi dire accumulé dans un être complexe jeurs caractères physiques et leurs instincts divers ? Ou bien tous les chiens, quels que soient leur taille, leurs formes, leur pelage, leurs qualités appartiennent-ils à une seule et même espèce ? S'il en est ainsi, cette espèce est-elle distincte de toutes les autres, et en entier soumise à l'empire de l'homme ? Ou nos chiens ne sont-ils que les rejetons transformés et civilisés d'une souche sauvage existant encore quelque part ?...

A. DE QUATREFAGES.

XLVIII. — Le Cheval et l'Ane

Le *cheval* intéresse l'agriculture à un double titre. C'est un animal auxiliaire, employé presque partout pour les transports, et dans bien des localités pour les labours et les autres travaux. De plus, l'élevage du cheval devient, dans les régions qui s'y prêtent, une importante spéculation.

Cette espèce renferme, comme la plupart des animaux domestiques, un grand nombre de races, présentant des caractères plus ou moins tranchés et des qualités spéciales. Ainsi, on distingue les chevaux *arabes, andalous, percherons, boulonnais, limousins, ardennais, bretons*, etc.

Les *pelages*, ou, comme on dit, les *robes* du cheval, sont très variées. Tantôt la robe n'offre qu'une seule couleur, tout au plus avec quelques taches peu étendues ; tantôt elle résulte du mélange de deux ou plusieurs couleurs diversement disposées. Les principales robes sont : le *blanc*, le *noir*, le *gris*, l'*alezan*, l'*isabelle*, le *pommelé*, etc.

On désigne sous le nom de *types* l'ensemble d'un certain nombre de caractères et de qualités qui rendent un cheval ou une certaine catégorie de chevaux plus ou moins propres à rendre tel ou tel genre de services.

Les types, dans l'espèce chevaline, peuvent se ramener à deux principaux. Le cheval *de selle* est celui qui est destiné à être monté par l'homme ; il sert au manège ou à l'équitation d'agrément, mais surtout à la remonte de la cavalerie de l'armée. Le cheval de course s'y rattache directement; il tient le premier rang pour les amateurs de sport, et doit ses qualités à l'*entrainement*, régime spécial auquel on le soumet dans sa jeunesse.

Le cheval *de trait* est fait pour être attelé à des véhicules de tout genre. On comprend dans le trait léger les petits poneys d'attelage, les carrossiers, les chevaux de cabriolet, de tilbury, en un mot de voitures de luxe, et dans le gros trait, les chevaux d'omnibus, de lourdes diligences, du roulage, du train des équipages militaires, enfin les chevaux de labour, qui intéressent directement l'agriculture.

Pour qu'un cheval soit bien apte au service auquel on veut l'appliquer, il faut d'abord le prendre dans une bonne race et choisir un sujet bien constitué; il faut encore le soumettre à une éducation particulière, qui commence de très bonne heure et comporte des soins variés, assidus et intelligents.

L'élevage du cheval se fait de diverses manières. Tantôt il a lieu dans des établissements appelés *haras*, qui lui sont exclusivement destinés, tantôt c'est dans les fermes mêmes, où l'on s'occupe à la fois du cheval et du bœuf. Il arrive souvent que l'élevage complet ne s'achève pas dans la même exploitation.

Le cheval est entretenu, suivant les conditions locales

et l'objet de la spéculation, tantôt à l'herbage ou au vert, tantôt à l'écurie.

La nourriture du cheval, qui est par dessus tout une bête de travail, doit être suffisante et substantielle ; elle consiste surtout en fourrages secs, auxquels on associe de la paille, des grains, tels que l'avoine, l'orge ou le maïs, et des racines, parmi lesquelles la carotte est celle qui convient le mieux. Au printemps, le cheval est mis au régime *du vert* ou de l'herbe fraîche.

Dans l'écurie, qui est divisée en boxes ou en stalles, pour la commodité du service, la nourriture doit être distribuée régulièrement. En général, la ration journalière se distribue en trois fois : le matin, à midi et le soir ; on abreuve les animaux le même nombre de fois.

Le *pansage* consiste dans les soins de propreté et d'hygiène que l'on donne extérieurement au cheval, et qui ont pour but de nettoyer les diverses parties du corps, de stimuler ou d'exciter la transpiration, de prévenir les maladies de la peau et d'entretenir le sujet en bonne santé. On emploie pour cela l'étrille, la brosse, le bouchon de foin, un morceau de laine ou de grosse flanelle, etc.

Outre le pansage quotidien et régulier, on pratique encore cette opération dans des cas accidentels, par exemple quand un cheval, revenant du travail, est fatigué et couvert de sueur. Un groom habile, tout en pansant sa bête, émet un petit sifflement, qui a pour but de la calmer et de l'amuser. Enfin, pour éviter les refroidissements, on lui donne une couverture ou même une sorte de vêtement de laine.

Le *dressage* a pour objet de former le poulain ou jeune cheval pour le travail auquel on le destine. Il commence vers l'âge de deux ans pour le trait ordinaire, et vers quatre ans seulement pour l'attelage ou la selle.

Le cheval est surtout utilisé pour les travaux des champs. Quelquefois cependant on l'élève pour le vendre, et il devient alors un animal de rente. Ajoutons encore que la chair de cet animal est alimentaire, et a rendu, dans maintes circonstances, des services inespérés.

L'*âne*, originaire de l'Asie, est surtout répandu dans les climats chauds ou tempérés, et diminue en quantité à mesure qu'on s'avance vers le nord. En France, on en trouve plusieurs races, parmi lesquelles celles du Poitou et de Gascogne se distinguent par leur grande taille.

Comme ensemble de qualités et d'aptitudes, l'âne est évidemment inférieur au cheval. Toutefois, il l'emporte sur celui-ci à certains égards ; d'un tempérament plus sec et plus sanguin, il est plus rustique, plus sobre, moins difficile à soigner et à nourrir. Il passe pour indocile et peu intelligent ; mais cela tient surtout à la brutalité avec laquelle on le traite trop souvent.

L'âne est une monture douce, qui convient aux femmes, aux enfants, aux vieillards ; il rend de grands services pour le transport des fardeaux dans les pays montueux. L'ânesse est très estimée pour son lait.

Le *mulet* est intermédiaire entre l'âne et le cheval ; on l'emploie comme animal de trait, souvent de bât, et quelquefois de selle, surtout dans les régions montagneuses, auxquelles il convient spécialement, à cause de la sûreté de sa marche et de sa sobriété.

Les Chevaux

L'étalon que j'estime est jeune, vigoureux ;
Il est superbe et doux, docile et valeureux.

Son encolure est haute et sa tête hardie ;
Ses flancs sont larges, pleins ; sa croupe est arrondie.
Il marche fièrement, il court d'un pas léger ;
Il insulte à la peur, il brave le danger.
S'il entend la trompette, ou les cris de la guerre,
Il s'agite, il bondit, son pied frappe la terre ;
Son fier hennissement appelle les drapeaux ;
Dans ses yeux le feu brille, il sort de ses naseaux.
Au milieu de leurs jeux, et dès leur premier âge,
Des mœurs qu'ils montreront vous lirez le présage ;
Celui que vous verrez s'élancer dans les champs,
Courir, se balancer sur ses jarrets pliants,
Mépriser le vain bruit d'un torrent, d'une source,
Défier ses pareils, les passer à la course,
Dans le brillant essor de ses essais heureux
Porte déjà les traits d'un coursier généreux...
Un coursier belliqueux, qui, formé pour la gloire,
Doit avec le guerrier voler à la victoire,
Dès ses plus jeunes ans au bruit accoutumé,
Sans crainte entend tonner le salpêtre allumé.
Son œil audacieux parcourt l'éclat des armes ;
Le son de la trompette est pour lui plein de charmes.
Il souffre les arçons, il soutient en repos
Son maître qui s'élève et s'assied sur son dos.
A ses ordres docile, il s'arrête ou s'avance,
Il revient sur ses pas, il se dresse, il s'élance ;
Plus léger que les vents, par son vol devancés,
Ses pas sur la poussière à peine sont tracés.
Il aime la louange, et son ardeur éclate
Au doux bruit de la main qui le frappe et le flatte.
C'est ainsi qu'un coursier utile au champ de Mars
Vous porte fièrement au milieu des hasards,
Perce les escadrons, vole, se précipite ;
Le carnage l'anime, et le péril l'irrite.
Environné de morts, sanglant, percé de coups,
Il semble s'oublier et ne penser qu'à vous.

P.-F. DE ROSSET.

XLIX. — Le Bœuf

Sous les noms de *bêtes à cornes, aumailles* ou simplement d'*espèce bovine*, on comprend les bœufs, les vaches et les veaux. Ces animaux jouent un grand rôle en agriculture.

Plus lents, mais plus forts que les chevaux, les bœufs servent aux labours et aux charrois. Engraissés suivant un régime spécial, ils sont livrés ensuite à la boucherie, et entrent pour une large part dans l'alimentation, à laquelle ils fournissent une viande excellente. Enfin, ils produisent le meilleur engrais.

Si la vache ne rend pas, sous ces rapports, d'aussi grands services, elle compense cette infériorité par la production du lait, dont il se fait une si grande consommation, soit en nature, soit sous forme de beurre ou de fromage. Enfin, l'élevage des veaux a aussi son importance.

On peut donc dire que l'espèce bovine constitue la base la plus solide d'une bonne exploitation agricole. Cette vérité a été reconnue depuis longtemps, et le bœuf a été de bonne heure domestiqué par l'homme. Sous l'influence des climats et des régimes divers, il a produit un assez grand nombre de races, qui se distinguent par leurs caractères et leurs aptitudes.

Les plus importantes sont, pour la France, les races *amande, normande, charolaise, limousine, garon-*

naise, nivernaise, poitevine, bretonne; et, pour les pays étrangers, les races *hollandaise, écossaise, suisse* ou de *Schwitz*, de *Durham* ou *à courtes cornes*, d'*Angus* ou *sans cornes*, etc.

En général, le régime qui convient le mieux à l'espèce bovine est celui de la stabulation ; toutefois, dans les pays qui possèdent de vastes herbages, on la fait souvent pâturer au grand air. La nourriture consiste en fourrages verts et secs, en grains et surtout en racines.

Quand le bœuf est destiné au travail, on commence à le dresser vers l'âge de deux ans ; il faut beaucoup de patience et de douceur pour le plier au travail qu'on veut lui imposer ; ce travail, très modéré d'abord, va en augmentant progressivement avec l'âge.

Ordinairement les bœufs sont attelés à l'aide du joug, pièce de bois qu'on fixe par-dessus leur tête. Toutefois, on a reconnu les inconvénients de ce mode d'attelage, et on commence à les atteler comme les chevaux, au moyen du collier, qui les gêne et les fatigue moins. Mais les usages invétérés ne changent pas facilement.

Le bœuf nous intéresse beaucoup comme viande de boucherie ; mais ce n'est guère qu'à un certain âge que l'on commence à l'engraisser pour cet objet, et lorsqu'il a été soumis pendant deux ou trois ans à un travail modéré. On lui donne pour cela une nourriture substantielle, mais variée, propre à entretenir l'appétit sans provoquer la satiété, et surtout administrée régulièrement ; elle consiste en fourrages, racines et pommes de terre, tourteaux, etc. Le sel est très utile dans ce régime.

La vache est quelquefois employée aux travaux des champs ; à un certain âge, on l'engraisse pour la livrer à la boucherie mais son principal rôle consiste dans la production du lait. Les vaches laitières flamandes, normandes et bretonnes sont particulièrement estimées. La nourriture doit ici être prise en très sérieuse considération. L'abondance, la nature, le choix des aliments exercent une grande influence, non seulement sur la quantité, mais encore sur le bon goût et les autres qualités du lait, ainsi que du beurre qu'on en extrait. Le choix des aliments dépend d'ailleurs lui-même des ressources dont on dispose suivant les localités et les saisons. En été, les bons fourrages ne laissent guère que l'embarras du choix. Mais il ne faut pas que les bêtes bovines en mangent avidement une grande quantité, surtout quand ils sont mouillés ; il pourrait en résulter de graves accidents. — En hiver, on donne du bon foin, des regains de trèfle ou de luzerne, des pommes de terre cuites, des carottes, du grain concassé, des tourteaux, le tout assaisonné de feuilles de céleri, de racines de persil ou de toute autre substance qui joue le rôle d'assaisonnement.

La nourriture des vaches laitières doit être très délayée. Plus elles boivent, plus elles produisent de lait ; il ne faudrait pas toutefois tomber dans l'excès ; une certaine proportion d'aliments solides est toujours indispensable. En hiver, les boissons chaudes produisent d'excellents effets.

Quand on a du lait en abondance, on en emploie davantage pour engraisser les veaux, qui donnent ainsi une chair de première qualité ; plus tard, on met ces jeunes animaux dans une bonne pâture, avec les vaches ou les bœufs.

Les Vaches bretonnes

La petite vache bretonne a été louée et blâmée quelquefois avec exagération. Ses partisans veulent la placer partout, même dans les riches pâturages de la vallée d'Auge; ses ennemis veulent la proscrire, même des bruyères. On oublie des deux côtés que tout est bien si tout est à sa place. Dans les landes, dans les terres pauvres, la race bretonne est la seule qu'on puisse entretenir; elle utilise merveilleusement de chétifs fourrages que les autres dédaigneraient. Elle a été créée par et pour le terrain qu'elle occupe....

Les habitants de quelques parties du Midi achètent nos petites vaches; d'autres localités, peu favorisées sous le rapport des fourrages, ont le bon esprit de les apprécier. Elles sont fort recherchées et on en fait un commerce très étendu. Elles sont même devenues à la mode; elles sont de rigueur aujourd'hui dans les parcs, où elles font l'ornement des gazons.

Transportée dans de riches pâturages, la vache bretonne engraisse promptement et diminue de lait. Là, elle est en quelque sorte exilée, comme les vaches de ces gras pâturages lorsqu'elles sont amenées dans la patrie des bretonnes.

J. Bodin.

L. — Le Mouton et la Chèvre

Les moutons, les brebis, les agneaux sont réunis sous les dénominations collectives de *bêtes à laine, ouailles* ou *bêtes ovines*.

L'élevage et l'engraissement de ces animaux constitue une branche importante de l'économie rurale et une source avantageuse de revenus, surtout dans les pays où l'on trouve de vastes espaces de terrain impropres aux cultures agricoles lucratives, et qu'on utilise comme pacages destinés à être pâturés sur place. Aussi voyons-nous cette industrie répandue dans les contrées du centre et surtout du midi de la France, là où le sol et le climat ne permettent d'obtenir qu'un pâturage sec pendant l'été.

L'espèce ovine présente de nombreuses races, parmi lesquelles le *mouton mérinos* se place au premier rang. Viennent ensuite, pour la France, les moutons *champenois*, *berrichons*, *solognots*, *flamands*, *ardennais*, *limousins*, *bretons*, et, pour les pays étrangers, les races *saxonne*, de *Southdown*, de *Dishley*, *barberine*, *australienne*, etc.

L'espèce fournit trois sortes de produits : la viande de boucherie, les toisons ou la laine, le lait, qui sert à faire plusieurs qualités de fromages.

Les habitations affectées à l'espèce ovine sont de trois sortes : les unes permanentes, dites *bergeries*; les autres temporaires, appelées *parcs* ou enclos; les dernières mixtes ou intermédiaires, qu'on nomme *hangars*.

La *bergerie* proprement dite est un bâtiment clos et couvert, d'une étendue et d'une hauteur suffisantes pour satisfaire à toutes les exigences de l'hygiène et de la commodité du service. On y emploie, pour donner la nourriture aux moutons, trois appareils différents : les râteliers, pour la paille et le foin non coupés; les auges, pour les racines, les grains, les tourteaux et autres aliments de ce genre; enfin, les crèches, qui présentent à la fois les avantages de l'auge et du râtelier.

Le *hangar* ressemble à la bergerie en ce qu'il est couvert; il en diffère en ce qu'il n'est pas clos, en d'autres termes que ses parties latérales sont à claire-voie.

Le *parc* est une clôture mobile, composée de claies légères et portatives, qu'on dispose de manière à circonscrire dans les champs un espace plus ou moins étendu, dans lequel le troupeau doit passer la nuit sans danger. Il est accompagné d'une sorte de cabane roulante, qui sert à loger et à mettre à l'abri le berger ou gardien.

Le pâturage est le meilleur mode d'élevage pour les moutons ; mais il ne peut pas toujours être pratiqué. Souvent la rigueur ou l'humidité excessives du climat forcent de recourir à la stabulation.

La nourriture des moutons se compose de fourrages frais ou secs. Ces derniers peuvent se donner en toute saison. En hiver, on y ajoute des tourteaux, et surtout des racines, que l'on a soin de couper par tranches minces. En tout temps, le sel est d'une haute utilité pour ces animaux, qui en sont d'ailleurs très friands.

Nous avons déjà indiqué les produits principaux des êtes ovines ; il convient d'y ajouter la graisse, avec aquelle on fabrique le suif, et la peau, qui est préparée par les tanneurs et les mégissiers.

La tonte des moutons a lieu en mai ou en juin, suivant la empérature ; ordinairement, avant d'y procéder, on opère e lavage de la toison, ce qui constitue le lavage à dos ; ais il vaut mieux ne la laver que lorsqu'elle est déachée.

L'élevage ou l'engraissement des agneaux ne donne uère de produits avantageux qu'au voisinage des grandes illes, où cette viande peu nutritive, mais agréable, est echerchée pour la consommation.

La *chèvre*, qui porte encore dans plusieurs provinces le ieux nom de *bique*, ressemble beaucoup à la brebis par on organisation ; mais elle s'en éloigne par son caractère étulant, capricieux et vagabond. Dans les plaines du nord, ce n'est guère qu'un animal de basse-cour ; mais, dans les contrées montagneuses du midi, elle se trouve le plus souvent en troupeaux, qu'on mène paître comme les moutons.

On a dit que la chèvre était la vache du pauvre ; elle convient en effet aux petits ménages ruraux qui ne sont pas en position de loger et de nourrir une vache. On a d'ailleurs tout avantage à la tenir à l'étable, et, quand on la mène aux champs, on a soin de l'attacher à un piquet dont elle ne puisse pas trop s'éloigner. Sans cela, elle se jetterait sur les cultures, et ferait de grands dégâts en broutant les jeunes pousses des arbres et arbustes.

La chèvre n'est ni bien difficile ni bien coûteuse à nourrir. En échange des soins qu'on lui donne, elle se montre très bonne laitière. En somme, c'est une grande ressource, à la ville comme à la campagne, et on lui pardonne aisément ses légers défauts, en faveur de ses précieuses qualités et de ses excellents services.

La Tonte

Avant que les chaleurs sévissent sur la plaine,
Des troupeaux haletants on recueille la laine.
Lorsqu'au milieu du jour, las de brouter le thym,
Ils rentrent au bercail, précédés du mâtin,
Les gens de la maison, qu'un même zèle entraîne,
Tandis que le chien dort à l'ombre du vieux chêne,
Dépouillent la brebis de sa blanche toison.
Il arrive parfois que le ciseau trop prompt
Dessine sur sa peau mainte sanglante raie,
Mais le charbon pilé couvre à l'instant la plaie.

Ainsi, pauvre mouton, c'est pour nous habiller
Que de ton vêtement nous t'allons dépouiller ;
Ainsi, tendre agnelet, sans le moindre murmure,
Tu te laisses ravir ta robe blanche et pure.
Pour laver la sueur qui mouille le troupeau,
Sa toison enlevée, on le plonge dans l'eau.
Jusqu'au jour de la vente en rouleaux entassée,
Dans un coin du grenier la laine est déposée.

A. PEYRAMALE.

LI. — La Laiterie

Dans toute exploitation agricole bien organisée, un local spécial est affecté à la conservation du lait et à la fabrication des produits qui en dérivent, tels que le beurre et les fromages. Ce local, qu'on nomme *laiterie*, consiste en une ou plusieurs pièces, suivant la quantité de lait sur laquelle on opère.

La laiterie doit satisfaire à plusieurs conditions. Il faut d'abord qu'elle soit fraîche ; on y parvient en l'établissant de préférence à l'exposition du nord, et, en tout ou en partie, au-dessous du sol. Il faut encore qu'elle soit placée dans un endroit tranquille, de manière à n'avoir pas à craindre les ébranlements qui pourraient agiter le lait dans les vases.

Il est à peine besoin de dire que la situation doit être très salubre, et par conséquent éloignée des mares, des tas de fumier, en un mot de tout ce qui pourrait produire des exhalaisons malsaines, ou même seulement des odeurs trop fortes. Par la même raison, la propreté la plus exquise doit régner dans toutes les parties de la laiterie.

La température sera constamment maintenue entre 10 et 14 degrés centigrades; il est donc nécessaire d'avoir un bon thermomètre dans le local.

La laiterie doit être encore assez spacieuse, bien aérée, bien pavée, avec un sol en pente légère, pour empêcher le séjour de l'eau, cause d'humidité permanente. Elle sera munie de tables en bois de chêne ou en pierre dure. Enfin, il y aura un calorifère, pour donner la chaleur nécessaire dans certaines circonstances, et un robinet disposé de manière à pouvoir fournir de l'eau à discrétion.

On emploie, pour transporter le lait à la laiterie, des baquets légers en bois de sapin, qui peuvent porter à l'intérieur une échelle graduée, de telle sorte qu'on puisse évaluer d'un coup d'œil la quantité du liquide contenu. La meilleure forme est celle des seaux ordinaires. Mais on se sert aussi de tinettes, qui sont des vases plus larges au fond.

Arrivé à la laiterie, le lait est transvasé dans des terrines, des pots ou autres vases spéciaux. On le passe au travers d'un canevas suffisamment serré pour arrêter toutes les impuretés qui auraient pu y tomber.

Quand le lait est abandonné à lui-même, dans un état de repos complet, on voit, au bout d'un temps plus ou moins long, suivant les circonstances, la crême monter à la surface; on l'enlève avec une écrémoire, et on en obtient le beurre de première qualité.

Toutefois on peut faire du beurre avec le lait ordinaire. Les moyens employés sont très variés; ils reviennent tous à opérer dans la masse liquide une agitation assez forte pour en séparer les particules grasses, dont la réunion constitue le beurre. On arrive à ce résultat de bien des manières; mais il est inutile de rappeler les procédés primitifs qu'on trouve encore dans quelques pays arriérés.

Le battage du lait, pour en extraire le beurre, s'opère aujourd'hui presque partout à l'aide d'appareils plus ou moins perfectionnés, appelés *barattes*. Leurs dispositions secondaires varient beaucoup ; toutefois, la pièce principale est un axe, mû par une manivelle, et muni d'ailes en bois ou en fer-blanc, qui produisent dans le liquide des chocs énergiques et répétés. Dans quelques laiteries, on voit de grandes barattes mises en mouvement par un bœuf ou par un cheval.

Le beurre extrait de la baratte renferme encore des parcelles de lait, dont il faut le débarrasser, si on veut le conserver pour le ménage ou pour la vente. Pour cela, on le pétrit, le plus souvent avec les mains, dans de l'eau fraîche, que l'on renouvelle jusqu'à ce qu'elle reste tout à fait limpide. Mais on obtient de meilleurs résultats par le pétrissage à sec ou sans eau.

Quand le beurre est destiné à être consommé immédiatement, il ne doit être lavé que très peu, un contact trop prolongé avec l'eau lui faisant perdre de sa saveur.

Pour donner au beurre cette nuance jaune, qui n'ajoute rien à sa qualité, mais qu'on recherche parce qu'elle plaît à l'œil, on y mêle, lors du battage, des substances tinctoriales extraites de la fleur de souci, du safran, du rocou, de la graine d'asperge ou d'autres végétaux.

On sale le beurre, pour le conserver, au printemps et à l'automne. On emploie pour cela le plus beau sel blanc, concassé, mais non pulvérisé ; on le mélange le plus intimement possible avec le beurre, que l'on foule ensuite fortement dans des vases de grès ; au-dessus on étend une couche d'environ trois centimètres du même sel.

Le fromage se fait avec la partie caséeuse du lait, seule, quand on veut avoir simplement des fromages maigres à consommer dans la maison, et additionnés d'une certaine quantité de crême, pour obtenir des fromages gras destinés à la vente. Sous le rapport de la consistance, on distingue : les fromages tendres, tels que ceux de *Brie*, de *Neufchâtel*; les fromages demi-tendres, comme le *gruyère*, et les fromages durs ou fermes, fromages de *Hollande*, de *Parmesan*.

Pour fabriquer le fromage, on fait d'abord *cailler* le lait avec une substance spéciale, appelée *présure*. Le *caillé*, ou partie solide, est placé dans des moules en bois ou en osier, où on le laisse égoutter. On peut le manger dans cet état. Mais si l'on veut le conserver, on le met sur des nattes de paille ou de jonc, on le retourne, on le ratisse et on le frotte avec un linge, d'abord tous les jours, puis à des intervalles de plus en plus longs, et on le sale chaque fois.

Quand on laisse la crême mélangée au caillé ou bien qu'on y en ajoute, on obtient le fromage *à la crême*. Le fromage blanc, frais, est ordinairement pressé de manière à laisser écouler tout le petit-lait qu'il contient; ensuite on le sale, on y ajoute du cumin ou d'autres substances aromatiques; après l'avoir pétri, on le met dans un moule pour lui donner la forme voulue et on le fait sécher. Les détails de fabrication varient à l'infini, pour les innombrables sortes de fromages; nous n'insistons pas sur ce point.

La plupart des fromages se font avec du lait de vache. Cependant le célèbre fromage de Roquefort ne comporte que du lait de brebis, ainsi que le *fromageon* de Montpellier. Enfin, certaines sortes se fabriquent avec du lait de chèvre.

Les Vacheries du Mont-Dore

Le personnel d'une vacherie bien montée consiste en un chef appelé *vacher*, auquel est dévolu un pouvoir sans bornes sur tout ce qui l'entoure. Un autre pâtre appelé *l'adjuvant*, est le ministre de ses volontés ; il l'aide dans ses travaux, en partage la fatigue et profite de la longue expérience de son maître. Ils passent souvent ensemble de longues heures, couchés au soleil, les yeux fermés ou dirigés sur leurs troupeaux. Pendant ce temps le troisième dans la hiérarchie, le message ou *gouri*, reste avec les vaches et ne les quitte jamais. Elles obéissent à sa voix, changent de place à sa volonté, et se dirigent tantôt sur un côté de la montagne, tantôt sur l'autre, selon les instructions qu'il a reçues de son chef.

Un quatrième fonctionnaire existe dans ce petit gouvernement, c'est toujours le plus jeune ; on le nomme dans quelques cantons *froumadzou*, et dans d'autres *vedelet*; ses fonctions ne sont point, comme l'indique son premier nom, de faire du fromage ; il n'aspire pas à un honneur réservé au vacher lui-même ; mais comme on peut le deviner par sa seconde dénomination, il garde les veaux, leur offre du sel à certaines heures du jour.

Il passe ses journées, sa vie entière avec ces animaux, qui le suivent, l'aiment et le chérissent. C'est l'être le plus heureux de la vacherie ; c'est le moins sale, car les veaux le considèrent comme une masse de sel, et le lèchent continuellement. Si vous entrez dans un parc de veaux avec un habillement qui ne les effraie pas, ils vous prennent quelquefois pour le *froumadzou*, et vous suivent avec un empressement extraordinaire.

Le message et le vacher ont le même empire sur les vaches ; ils les appellent à certaines heures du jour ; elles viennent se faire traire, et s'en retournent au signal donné.

Elles se connaissent entre elles, se battent rarement, et se défendent toujours contre leur ennemi commun, le loup, qui n'ose presque jamais les attaquer, mais visite assez souvent le parc aux veaux.

On fabrique aussi au village des Bains un grand nombre de petits fromages que l'on confond souvent avec ceux du Mont-Dore, près Lyon. On les vend, on les achète et on les mange comme fromages de chèvre ; mais il n'y en a guère qu'un quart qui mérite cette dénomination ; les autres sont faits avec du lait de vache, ce qui n'ôte rien à leur mérite.

HENRI LECOQ.

LII. — Le Cochon

Il n'est guère, à la campagne, de petit ménage où l'on n'engraisse un *cochon*. Il y a aussi des exploitations rurales où l'on pratique en grand cette opération ; c'est à la fois une ressource pour l'économie domestique et une spéculation avantageuse pour le cultivateur.

A quelque race qu'il appartienne, le cochon ne demande que peu de soins. Son habitation, appelée *porcherie* ou *toit à porcs*, doit être bien pavée et offrir une pente légère, mais suffisante pour l'écoulement des eaux. Il faut qu'elle soit tenue proprement, en dépit de ce préjugé, trop répandu, mais peu justifié, que le cochon se plaît dans la saleté. On voit souvent, en effet, cet animal se vautrer dans la boue ; mais c'est uniquement parce qu'il recherche l'humidité. Donnez-lui une eau claire, il ne s'en trouvera que mieux, et aimera à s'y baigner souvent. Que sa litière soit fréquemment renouvelée.

Le cochon n'est pas difficile sur le choix de ses aliments. Il est omnivore, et mange à peu près tout ce qu'on lui donne, ce qui permet d'utiliser bien des choses qui ne coûtent rien et qu'on laisserait perdre.

Ainsi on peut tirer parti des épluchures de légumes, des débris de cuisine, des eaux grasses, des matières végétales ramassées dans les champs, des graines et des racines avariées, etc. Cela ne veut pas dire qu'il ne faille donner au cochon que des aliments de rebut ; on fera bien de lui servir, au moins de temps à autre, du son, des racines ou des pommes de terre cuites à la vapeur, etc. On doit surtout lui administrer ses repas à des heures régulières, et le servir suivant son appétit. Comme la soif ne pourrait que l'amaigrir, il faut le faire boire souvent.

Dans les pays forestiers, les glands, les faînes et autres fruits sauvages fournissent une précieuse ressource, soit qu'on les ramasse pour les donner aux cochons pendant l'hiver, soit que l'on conduise ces animaux dans les bois, où ils peuvent se repaître à leur aise.

Quand le cochon atteint l'âge d'un an environ, on commence à l'engraisser. On lui donne alors des aliments plus choisis, des pommes de terre ou des racines cuites, des choux bouillis, de l'orge ou du son, des glands ou des faînes, du petit-lait, des eaux grasses, enfin de la farine de maïs ou de sarrasin. L'engraissement dure trois à six mois, et l'animal acquiert un poids considérable.

Dans les campagnes, c'est le plus souvent aux environs de la Saint-Martin (11 novembre) que chaque ménage tue son cochon gras. Ce n'est pas une petite affaire. Il faut saler ou fumer le lard et les jambons, faire la saucisse, le boudin, le saindoux et autres conserves. Une partie de l'animal est consommée immédiatement, ce qui donne lieu à de nombreuses invitations entre voisins et amis.

La conservation des viandes, et particulièrement du

cochon, se fait par deux procédés principaux, la *salaison* et le *boucanage*, usités dans nos campagnes.

Pour la *salaison*, on ouvre l'animal par le ventre; après avoir retiré ce qui doit être mangé frais, on coupe le reste en morceaux d'environ un kilogramme, que l'on dispose, par lits alternant avec des couches de sel marin pilé et bien sec, dans un tonneau défoncé par un bout. Il va sans dire que le sel doit former la première et la dernière couche. Quelques jours après, le sel est fondu, et la saumure tombe au fond du tonneau; on la retire, on presse plus fortement les couches de viande, quelquefois même on en intervertit l'ordre, et on remet assez de saumure pour baigner le tout. L'opération est terminée au bout de cinq à six semaines.

Le *boucanage* emploie la fumée pour conserver les viandes. Pour cela, on leur fait d'abord subir un commencement de salaison par le procédé que nous venons d'indiquer; il suffirait même de les frotter, soir et matin, avec du sel, pendant plusieurs jours, et de les suspendre dans un endroit frais. On les expose ensuite à l'action de la fumée, produite de préférence avec des copeaux de chêne ou de hêtre, ou avec de la bruyère, jamais avec le charbon de bois ou les combustibles minéraux. Il est indispensable surtout que la fumée à laquelle on expose les viandes soit presque froide. Ce n'est donc pas dans la cheminée ou le foyer même qu'il faut suspendre celles-ci, mais dans une pièce supérieure, où la fumée n'arrive qu'après s'être refroidie et tamisée en traversant des tuyaux et des toiles métalliques. Mais, comme cette condition n'est pas facile à réaliser dans les petits ménages, il faut bien alors se résoudre à se servir de la cheminée; seulement on doit y suspendre les viandes aussi loin que possible de la flamme.

La chair du cochon, qui est une ressource pour l'économie domestique, forme en même temps la base essentielle de l'art du charcutier.

La Charcuterie

De tous les animaux de ferme, le porc est le plus facile et le moins dispendieux à élever. C'est également celui dont le rendement est le plus considérable. Ces circonstances expliquent pourquoi le porc fournit la moitié environ de la viande consommée dans les campagnes, et près du tiers de celle qui se consomme dans la France entière.

La viande de porc s'emploie à l'état frais ou à l'état de conserve. Hachée fraîche, assaisonnée et travaillée de mille manières, elle sert à faire une multitude de préparations, dont la confection et le commerce constituent l'industrie du charcutier. Dans tous les cas, elle passe avec raison pour une nourriture échauffante et d'une digestion assez difficile. Aussi tous les hygiénistes recommandent-ils de n'en faire qu'un usage très borné. Une autre recommandation non moins importante, c'est de ne l'employer que lorsqu'elle est bien fraîche. Cette recommandation est d'autant plus indispensable, quand il s'agit de préparations de charcuterie, que ces préparations échappent à toute espèce de contrôle, en raison de l'extrême division des matières, et des condiments qu'on y a ajoutés pour en relever ou en masquer le goût.

P. LAROUSSE.

CHAPITRE VII

LA BASSE-COUR

LIII. — Le Lapin

La *basse-cour*, si nous prenons ce mot dans l'acception la plus restreinte, est la partie de l'exploitation rurale où l'on élève, où l'on nourrit les lapins et la volaille. En général, c'est un petit domaine dont le soin est dévolu surtout à la ménagère ; elle y trouve, en œufs ou en viande, une grande ressource pour la cuisine, et souvent même la production est assez abondante pour que la vente du superflu constitue dans la ferme un revenu modeste, mais qui n'est pas à dédaigner.

Occupons-nous d'abord des *lapins*. On a beaucoup plaisanté sur l'art d'élever ces animaux et de s'en faire trois mille francs de revenu. Il n'en est pas moins vrai que cette branche de la zootechnie, quand elle est bien entendue et bien conduite, peut constituer une spéculation excellente et lucrative à tous égards.

Le lapin, dont le type sauvage se trouve dans nos contrées, a produit, à l'état domestique, plusieurs races nettement caractérisées.

Nous trouvons d'abord, sous le rapport de la taille, deux

races extrêmes, le *lapin bélier* ou *rouanais*, le géant de l'espèce, et le *lapin nicard*, qui en est le nain. Puis vient le *lapin à fourrure*, comprenant deux types principaux, le *lapin riche* ou *argenté*, à pelage doux, soyeux, long, d'un gris argenté plus ou moins foncé, et le *lapin blanc de Chine*, appelé aussi *lapin polonais* ou *lapin de garenne de Russie*. Enfin, nous citerons le *lapin d'Angora*, le plus remarquable pour la finesse du poil, long et touffu, le plus souvent d'un blanc de neige, mais quelquefois gris ardoisé ou même noir.

Au point de vue de l'élevage, et surtout sous le rapport culinaire, on distingue le lapin de clapier et le lapin de garenne.

Le *clapier* est une petite construction, qui peut varier en étendue, mais sans cesser de faire partie de la basse-cour. Dans les plus humbles ménages, c'est souvent une simple caisse, un tonneau défoncé ou tout autre logement de ce genre. Dans les exploitations rurales mieux montées, on utilise dans ce but une portion de cour ou de grange, un grenier, un hangar, etc., que l'on divise le plus souvent en divers compartiments.

L'exposition du clapier doit être au midi, ou du moins s'en rapprocher le plus possible. Les cabanes ou compartiments peuvent être adossés à un mur, ce qui diminue les frais d'établissement; on peut aussi les superposer, mais en prenant les précautions nécessaires pour faciliter l'écoulement des eaux et tenir le parquet dans un grand état de propreté. Pour les séparations, qu'elles soient pleines ou à claire-voie, on choisira du chêne, parce que les lapins rongent souvent les bois blancs. Chaque cabane est munie d'un râtelier, où on dépose la nourriture, afin que l'animal ne la gaspille pas.

Le lapin, quand il n'a pas été gâté par trop de soins,

n'est pas difficile sur le choix de ses aliments. Presque toutes les plantes cultivées ou sauvages lui conviennent, pourvu qu'elles ne soient pas imprégnées d'humidité. On lui donne les débris ou les épluchures de légumes, carottes, choux, racines, pois, les grains avariés, le son, les issues (1), etc. Il est bon toutefois d'y ajouter une certaine quantité de plantes aromatiques, persil, pimprenelle, chicorée sauvage, thym, serpolet, genièvre, etc., et de sel marin. La nourriture doit être distribuée régulièrement deux ou trois fois par jour, et il importe surtout que le repas du soir soit le plus copieux.

Les garennes se distinguent en *garennes forcées* ou closes et *garennes libres*. Les premières sont des espaces plus ou moins grands, entourés de tous côtés par des fossés, des haies ou des murs, qui empêchent les animaux de s'écarter de l'habitation qui leur est assignée. On y sème des plantes fourragères, qui servent à l'alimentation des lapins, ou bien on y élève des meules de foin, que ces rongeurs consomment peu à peu. Quelque disposition que l'on adopte, il faut veiller à ce que les animaux ne manquent jamais de nourriture, surtout en hiver. La garenne doit être voisine de la maison, afin de pouvoir être souvent visitée, et par suite bien gardée et entretenue.

Quand on veut prendre des lapins dans ces garennes, il faut employer des pièges, des engins ou des dispositions spéciales, et proscrire le fusil et le furet.

Les *garennes libres* consistent en de grandes étendues de terrain, ordinairement incultes, sablonneuses ou montueuses ; les lapins s'y plaisent et s'y propagent abon-

---

(1) On entend par *issues* les déchets que laisse la mouture des céréales.

damment. Mais on ne peut en établir que dans les localités où le sol est sans valeur ou à peu près; dans les pays de culture, le produit de la chasse ne compenserait pas les dégâts commis par les lapins.

La chair du lapin de garenne est un excellent manger. Celle du lapin de clapier est moins estimée; on peut toutefois lui donner une saveur plus relevée, une qualité supérieure, si, quelque temps avant de tuer l'animal, on lui fait manger du genièvre et des plantes aromatiques. D'ailleurs, l'art culinaire ne manque pas d'expédients pour faire de la gibelotte, ou du lapin sauté, un mets très présentable. Ajoutons que les peaux, et surtout celles de certaines variétés, ont une assez grande valeur commerciale.

Nous dirons ici quelques mots d'un petit animal qu'on rencontre parfois dans les basses-cours. C'est le *cobaye*, vulgairement mais improprement nommé *cochon d'Inde*; il n'a, en effet, rien de commun avec le cochon, si ce n'est une certaine ressemblance dans sa forme extérieure, trapue et ramassée; il présente, au contraire, la plus grande analogie avec le lapin, et appartient au même ordre, celui des rongeurs.

Le cobaye n'est difficile ni à élever ni à nourrir; tout ce que nous avons dit du lapin lui est applicable. Originaire de l'Amérique du sud, il est parfaitement acclimaté en France, et se multiplie beaucoup en domesticité. Sa chair est assez fade et peu recherchée, au moins dans le nord, où d'ailleurs il réussit moins bien. Aussi ne l'élève-t-on le plus souvent que comme objet de curiosité.

Les Terriers

Le lièvre est un ermite qui passe son temps à méditer et à frotter ses moustaches, qui craint la grande compagnie, connaît à peine sa famille, et ne sort jamais que contraint par la faim, et pour prendre en tremblant sa goulée. Le lapin, au contraire, est d'un caractère gai et d'une nature sociable, aimant les plaisirs, la bonne société, et se divertissant beaucoup. Il vit en ville, fait beaucoup de parties de campagne, sans jamais être campagnard comme le lièvre. Au lieu d'avoir des rues tirées au cordeau, les villes à lapins sont bâties en zigzag ou en tire-bouchon. Dans chacun de ces grands centres souterrains, il existe une police qui assure à tous propreté, salubrité et sûreté. Chaque famille a sa maison, composée d'une ou plusieurs chambres à plusieurs étages. Cette maison passe de père en fils, de génération en génération, et elle est divisée par égale part entre tous ses descendants. On n'y connaît pas de partage noble, ni droit de juveigneur, ni vol de chapon, ni droit d'aînesse, ni substitutions. Il règne dans ces cités une parfaite égalité de droits.

A. Français (de Nantes).

LIV. — Les Gallinacés

L'ordre des *gallinacés* est celui qui fournit à nos basses-cours le plus grand nombre de représentants : on y trouve en effet la poule, le dindon, le paon, la pintade, le faisan, sans compter le colin, la perdrix, la caille et d'autres genres plus ou moins aptes à la domestication.

La *poule* tient le premier rang, tant par la facilité de son élevage que par l'importance de ses produits.

oumise depuis de longs siècles à l'influence de l'homme, la poule primitive a donné naissance à des races très nombreuses, qui laissent un grand choix à l'éleveur.

On distingue, parmi les races indigènes, les poules de *la Flèche*, de *Crèvecœur*, de *Houdan*, de *Caux*, de la *Bresse*, du *Mans*, de *Rennes*, de *Sologne*, de *Barbezieux*, etc. ; et, parmi les étrangères, les poules de *Bréda*, de *Gueldres*, de la *Campine*, de *Brahma-poutra* de *Cochinchine*, de *Java*, etc.

La poule est l'hôte obligé de toute habitation rurale ; elle peut être élevée partout, même au sein des villes ; on la laisse ordinairement dans un état de demi-liberté ; elle va cherchant partout sa nourriture et ne manque jamais de rentrer au poulailler au signal du maître ou aux approches de la nuit.

La poule n'est pas difficile à nourrir ; essentiellement omnivore, elle accepte à peu près tous les aliments crus ou cuits qui conviennent à l'homme ; tous les déchets de la cuisine peuvent donc être ainsi utilisés. Elle aime beaucoup les grains, mais surtout les insectes et les vers, dont elle fait une grande destruction. Elle sait, quand on la laisse courir librement, chercher partout les moindres débris de grains, qui sans elle seraient complètement perdus ; c'est aussi grâce à elle que l'agriculteur peut tirer parti des grains avariés ou des issues sans valeur aucune.

Il est bon cependant de prévoir les cas où la poule ne trouverait pas de quoi vivre ; il faut y pourvoir en lui donnant au besoin une pitance quotidienne, dont la nature peut varier à l'infini, pourvu qu'il y entre une certaine proportion de substances animales. Ces soins ne seront pas perdus ; les poules donneront d'autant plus d'œufs qu'elles seront mieux nourries ; c'est ce qu'exprime plaisamment ce vieux proverbe : Les poules pondent par le bec.

La poule commence à pondre de très bonne heure ; mais sa production varie beaucoup. Elle pond, à l'état domestique, dans le premier endroit venu, où elle retourne ensuite déposer ses œufs. Il faut surveiller les jeunes poulettes, qui recherchent pour cela les endroits écartés. Le nombre d'œufs varie suivant le sujet, la race et le mode de nourriture. On considère comme bonnes pondeuses celles qui donnent un œuf tous les jours pendant la saison ; on a vu des poules pondre 250 œufs dans l'année.

Lorsque la poule couve, elle a besoin d'une nourriture plus abondante ; on la lui sert dans l'intérieur du couvoir, dont il faut bien fermer la porte. Quand les œufs sont éclos, elle prend beaucoup de soin des jeunes poussins ; mais on doit mettre à leur disposition une bonne et copieuse pâtée.

Le *dindon* est originaire de l'Amérique du Nord. Élevé en France depuis plusieurs siècles, il présente un certain nombre de races, caractérisées surtout par la couleur du plumage, qui est noir, rouge, cuivré, jaune, blanc, jaspé ou marbré de blanc et de noir, etc.

L'élevage des dindonneaux présente plus de difficultés que celui des autres volatiles. Le premier soin à prendre aussitôt après l'éclosion est de les préserver du froid, auquel ils sont très sensibles. Leur naturel est quelquefois si stupide qu'il est impossible de leur apprendre à manger ; il faut, dans les commencements, leur ingurgiter de force la pâtée pour les empêcher de mourir de faim. Il craignent beaucoup l'humidité, surtout aux pattes.

Vers l'âge de deux ou trois mois, les dindonneaux

prennent le rouge, c'est-à-dire que les masses charnues qui entourent la tête deviennent rouges. C'est un moment de crise, qui en fait souvent périr beaucoup. Ceux qui y résistent deviennent, à partir de ce moment, plus aisés à élever ; mais il faut alors leur livrer un large parcours où ils puissent pâturer constamment et faire la chasse aux insectes et aux vers. Quand on en a un grand nombre, on les réunit en troupeau, que conduit un enfant armé d'une gaule. En hiver, on leur donne la nourriture à l'intérieur.

La dinde a la mauvaise habitude de pondre un peu partout et de cacher ses œufs ; il faut donc ici une surveillance très active. Par contre, elle est très bonne couveuse, patiente et fort attachée à ses petits.

L'engraissement des dindons se fait toujours en liberté ; il n'y a guère avantage à le faire avant qu'ils aient atteint l'âge de six mois. On leur donne naturellement une ration supplémentaire. On les gave, en leur faisant avaler de force des boulettes de pâtée.

L'élevage des dindons est très chanceux et demande beaucoup de soins ; aussi est-il en général bien moins avantageux que celui des poules.

Le *paon*, si remarquable par sa beauté, était autrefois estimé comme oiseau de basse-cour ; mais il a été complètement délaissé sous ce rapport, depuis l'introduction du dindon, qui lui est très supérieur pour la qualité de sa chair. Il est d'ailleurs très difficile à élever et c'est un mauvais voisin pour les cultures ; aussi ne le conserve-t-on aujourd'hui que comme espèce d'ornement.

La *pintade* est originaire d'Afrique ; elle a conservé dans nos basses-cours un peu de son naturel sauvage, aime la liberté et veut de grands espaces à parcourir. Elle pond beaucoup, mais dépose ses œufs çà et là ; mauvaise couveuse, peu soigneuse de sa progéniture, elle encore un cri très désagréable. Aussi, malgré la qualité supérieure de sa chair, cet oiseau est-il fort peu répandu aujourd'hui dans nos basses-cours.

Le *faisan*, originaire de la Colchide, est depuis longtemps naturalisé en France. On l'élève quelquefois dans nos basses-cours, mais le plus souvent dans un local spécial, appelé *faisanderie*. Cette éducation est difficile et coûteuse, elle ne convient guère qu'aux riches propriétaires, qui tiennent à multiplier cette espèce dans leurs parcs, pour augmenter les attraits de la chasse.

Le Paon

Si l'empire appartenait à la beauté et non à la force, le paon serait sans contredit le roi des oiseaux ; car il n'en est point sur qui la nature ait versé ses trésors avec autant de profusion. La taille grande, le port imposant, la démarche fière, la figure noble, les proportions du corps élégantes et sveltes, tout ce qui annonce un être de distinction lui a été donné. Une aigrette mobile et légère, peinte des plus riches couleurs, orne sa tête sans la charger; son incomparable plumage semble réunir tout ce qui flatte nos yeux dans le coloris tendre et frais des plus belles fleurs, tout ce qui éblouit dans les reflets pétillants des pierreries, tout ce qui les étonne dans l'éclat majestueux de l'arc-en-ciel, non seulement la nature a réuni sur le plumage du paon toutes les couleurs du ciel et de la terre pour en faire le chef-d'œuvre de la magnificence; elle les a encore mêlées, assorties, nuancées, fondues de son inimitable pinceau, et en a fait un tableau unique, où elles tirent de leurs mélanges avec des nuances plus sombres, et de leur opposition entre elles, un nouveau lustre et des effets de lumière si sublimes, que notre art ne peut ni les imiter, ni les décrire.

BUFFON.

LV. — Les Pigeons

Le genre *pigeon* comprend plusieurs espèces, et celles-ci ont produit un grand nombre de variétés. Les unes vivent en domesticité dans nos volières, les autres à l'état de demi-liberté dans les colombiers ou pigeonniers ; il en est enfin qui sont restées à l'état sauvage.

Parmi ces dernières, on remarque surtout le *pigeon ramier*, la plus grande de nos espèces indigènes ; très défiant de son naturel, il est néanmoins susceptible d'être apprivoisé ; on connaît les ramiers du jardin des Tuileries, qui sont aujourd'hui devenus très familiers.

Le pigeon *colombin* tient le milieu entre le ramier et le biset ; mais, par sa manière de vivre, c'est surtout du premier qu'il se rapproche ; il est assez rare en France.

Le pigeon *biset* est la souche primitive de toutes les races qui peuplent nos colombiers et de la plupart de celles qui habitent nos volières. Jetons un rapide coup-d'œil sur les principales variétés de pigeons domestiques.

Voici d'abord le *biset fuyard,* le plus rapproché du type sauvage ; très abondant autrefois dans les pigeonniers de haut vol, il a conservé en partie son naturel et n'aime pas être tracassé dans son habitation.

Le pigeon *mondain* est le plus familier ; il prospère en volière, même en cage, et n'est pas difficile à nourrir. Malheureusement il a l'instinct pillard, et il faut avoir soin de le séquestrer à l'époque des semis.

Viennent ensuite le pigeon *romain*, répandu surtout en Italie ; le pigeon *bagadais*, farouche, irritable et peu soigneux de ses petits ; le pigeon *boulant*, remarquable par la dilatation extrême de son jabot, qu'il gonfle d'air, de manière à en former une grosse boule; le pigeon *nonnain* ou *capucin* chez lequel les plumes du cou, longues et redressées, forment une fraise ou même un capuchon recouvrant la tête ; le pigeon *cravaté*, jolie petite race, intermédiaire entre le biset et la tourterelle, caractérisée par les plumes de la gorge, redressées et frisées en jabot ou cravate, et bien connue aussi par la puissance de son vol, qui fait souvent employer ce pigeon comme messager.

Cette dernière particularité appartient surtout au pigeon *volant*, appelé aussi *messager* ou *voyageur* ; très attaché à son colombier, qu'il sait toujours retrouver, il convient par excellence au service de la poste aux pigeons, connue de toute antiquité et renouvelée de nos jours dans des circonstances récentes et mémorables.

Le pigeon *culbutant* doit son nom à la singulière habitude qu'il a d'exécuter dans son vol des culbutes successives qui rappellent les sauts périlleux des saltimbanques, quelquefois des cercles ou des contorsions grotesques. Du reste, c'est une très bonne race de colombier.

Citons encore le pigeon *queue-de-paon*, caractérisé par sa queue étalée et dressée ; le pigeon *pattu*, dont les pieds sont emplumés jusqu'aux phalanges, et le pigeon *tambour*, qui doit son nom à son roucoulement sourd et saccadé.

Les *tourterelles*, très voisines des pigeons, s'en distinguent surtout par leur taille plus petite et leurs formes plus gracieuses ; elles présentent d'assez nombreuses variétés ; mais ce sont surtout des oiseaux de volière.

Le *pigeonnier* proprement dit est une grande construction destinée à loger un grand nombre de couples, qui sont à peu près abandonnés à eux-mêmes. Il est devenu aujourd'hui très rare en France. Presque partout il est remplacé par le *colombier*, sorte de pigeonnier à dimensions restreintes, et dans lequel on peut élever des races plus variées et leur donner plus de soins. Quant à *la volière*, c'est un colombier réduit à sa plus simple expression, et réservé surtout aux races mignonnes ou de luxe.

L'habitation des pigeons, quelque nom et quelque forme qu'on lui donne, doit être placée sur un terrain sec et élevé, voisin de la ferme, mais tranquille, car ces oiseaux vivent près de nous plutôt que chez nous, et n'aiment pas être inquiétés. Elle consiste le plus souvent en une tour ronde, surmontée d'un toit suffisamment incliné pour que les pigeons ne puissent s'y poser longtemps et par suite le dégrader. L'intérieur est soigneusement badigeonné à la chaux.

Le pigeonnier doit renfermer un nombre suffisant de nids pour que ses habitants, qui pondent souvent, trouvent toujours une place libre. Ces nids, comme tout le reste de l'habitation, doivent être tenus très proprement.

Les pigeons peuvent trouver au dehors une partie de leur subsistance ; il importe néanmoins de leur donner un supplément de nourriture, surtout dans la saison où les champs ne peuvent leur fournir les graines mures dont ils s'alimentent, comme aussi à l'époque des semailles, où il devient nécessaire de les tenir renfermés.

Les aliments qui conviennent aux pigeons sont très variés, ce qui permet d'utiliser bien des déchets. Ainsi, on peut leur donner des graines de céréales, de plantes légumineuses ou oléagineuses, des pepins de raisin, des pommes de terre et des racines crues ou cuites, des herbes sauvages, etc.

On peut mettre les grains dans une mangeoire ou trémie, d'où ils coulent dans un ratelier au fur et à mesure des besoins ; mais il ne faut la mettre dans le pigeonnier même que pendant les grands froids. Quand le temps est beau, il est préférable de la placer au dehors, sous un abri, afin que les pigeons soient forcés de sortir de temps à autre, sans quoi ils deviendraient paresseux.

On se trouve bien, dans la plupart des cas, de distribuer la ration, proportionnée au nombre des sujets, sur une aire battue et propre, en variant un peu les heures, pour ne pas attirer les pigeons du voisinage. Ces oiseaux aiment beaucoup le sel ; mais il faut leur en donner modérément, car, pris en excès, il les ferait maigrir.

Quand les pigeonneaux atteignent l'âge d'environ un mois, on peut les livrer à la consommation. Parfois on les engraisse encore pendant quelques jours, avec du maïs, de la vesce, du sarrasin, ou mieux avec des pâtées, auxquelles on ajoute des graines aromatiques, pour donner à leur chair une saveur plus relevée. Les pigeonneaux soumis à ce régime doivent être maintenus à une température douce, dans un milieu plutôt humide que sec, bien aéré, mais un peu obscur.

Le Ramier

Les ramiers se nourrissent de glands, de faines et même de fraises, dont ils sont très friands. A défaut de ces aliments, ils s'attaquent à diverses espèces de graines, aux pousses tendres de différentes plantes, se jettent en bandes nombreuses sur les terres nouvellement ensemencées, sur les moissons, et y causent de grands dégâts. Ils ont ceci de particulier avec un grand nombre de gallinacés, qu'ils vont pâturer à des heures réglées et chôment presque tout le reste du temps. Ils aiment à se percher sur les branches dépouillées de verdure qui sont à la cime des hauts arbres. C'est surtout au lever du soleil et pendant les froides matinées de novembre, décembre et janvier, qu'on les voit immobiles durant des heures entières attendre sur les plus hautes cimes qu'un rayon vivificateur vienne leur rendre un peu de souplesse et de vigueur. Pendant la belle saison ils se plaisent dans les arbres feuillés, et c'est là qu'ils établissent leur nid. La part que le mâle et la femelle prennent à la construction de ce nid mérite d'être signalée.... La femelle reçoit et dispose; elle est ouvrière, et le mâle n'est que manœuvre.

Z. GERBE.

LVI. — Les Palmipèdes

L'ordre des *palmipèdes* renferme, comme l'indique son nom, des oiseaux à *pieds palmés*, c'est-à-dire dont les doigts sont réunis par une membrane. Excellents nageurs, ces volatiles passent la plus grande partie de leur vie dans l'eau, ou tout au moins dans le voisinage de cet élément. Trois genres, l'oie, le canard et le cygne, intéressent à divers degrés l'agriculture et l'économie domestique.

L'*oie*, surtout à l'âge adulte, a des habitudes moins aquatiques que celles des autres palmipèdes; elle est aussi mieux organisée pour marcher à terre. Aussi se tient-elle de préférence au bord des eaux. Son régime est surtout herbivore; cependant elle mange aussi des graines, des insectes, des mollusques et autres petits animaux.

Dans certains pays, on élève les oies en troupeaux, qu'on mène paître dans les prés; on les habitue même à obéir au son de la trompe ou de la cornemuse.

En dépit du proverbe, l'oie est loin d'être bête; mais elle est d'un naturel sauvage, défiant, ce qui en fait un animal de bonne garde, car elle ne se laisse pas surprendre, et, d'une voix éclatante, donne aisément l'alarme. Il est à peine besoin de rappeler l'épisode, célèbre dans l'histoire romaine, des oies du Capitole.

On connaît plusieurs espèces ou variétés d'oies sauvages, susceptibles d'être domestiquées, ou tout au moins apprivoisées dans la basse-cour. Telles sont : l'oie *cendrée,* la plus anciennement connue, et qui est l'origine de nos races domestiques ; l'oie *des moissons* et l'oie *à bec court,* qui arrivent, par bandes, des régions polaires et se jettent sur les champs cultivés, où elles causent de grands dégâts ; l'oie *du Canada* ou *à cravate* une des plus belles et des plus productives ; enfin, l'oie *de Chine* ou *de Russie,* improprement appelée *oie de Guinée.*

Quant aux oies domestiques, elles présentent d'assez nombreuses variétés, mal déterminées, et qui se ramènent à deux races, la grosse et la petite. On doit néanmoins signaler d'une manière spéciale l'oie *de Toulouse,* la plus belle, la plus grosse et la meilleure.

L'élevage des oies n'est pas difficile ; mais il exige quelques soins d'hygiène et de propreté, que l'on néglige le plus souvent. Il faut éviter de les loger avec les poules. Leur local, qu'elles ne doivent partager qu'avec les canards, doit être sain, aéré et spacieux. Le sol est couvert de litière sèche et renouvelée tous les deux jours. Le voisinage de l'eau, sans être nécessaire, est toujours très utile.

Les *oisons*, à leur naissance, sont couverts d'un duvet jaune verdâtre, qui les protège peu contre la fraîcheur de l'air ; aussi ne doit-on guère les laisser sortir avant huit jours. Les herbes hachées très menu, et surtout les orties, leur conviennent beaucoup comme nourriture. Quant à l'engraissement, il comporte des procédés compliqués, qui en font une industrie spéciale, très lucrative à la vérité.

Les *canards* constituent un genre très voisin des oies ; ils en diffèrent par certains caractères qu'il serait trop long de décrire, mais surtout par leur manière de vivre, leurs mœurs et leurs habitudes beaucoup plus aquatiques. Les espèces ou variétés de ce genre sont assez nombreuses ; voici celles que l'on élève le plus communément.

Le *canard sauvage*, type de nos races domestiques, est un oiseau migrateur, qu'on peut apprivoiser dans les basses-cours, mais qui les abandonne souvent à l'époque des passages ; on voit alors se réveiller en lui ses instincts de liberté.

Le *canard domestique* est plus gros et d'un plumage plus varié ; il présente deux races principales, qui se distinguent surtout par la taille. Le canard *de Normandie* est le plus gros, le plus productif et le plus facile à élever ; aussi mérite-t-il la préférence.

On peut citer encore le canard *commun* ou de la petite race, très répandu, mais moins avantageux que le précédent ; le canard *de Labrador*, qui est plutôt une espèce d'ornement ; le canard *d'Ailesburg*, très estimé surtout en Angleterre ; le canard *musqué*, le plus gros de tous, originaire de l'Amérique du Sud, et le canard *mulard*, qui tient du précédent et du canard de Rouen.

Le canard est, de tous les oiseaux de basse-cour, le plus facile à élever. Il est omnivore et grossit très rapidement ; mais la présence de l'eau lui est indispensable. Il importe de pouvoir lui livrer un parcours étendu, où il puisse paître à discrétion. Dans le cas contraire, il faut lui fournir, dans la cour, un supplément de nourriture.

Bien que les canards soient moins dociles et moins

aisés à conduire que les oies, on peut les mener au champs, où ils font une grande destruction d'insectes, larves, chenilles, vers, limaces, escargots et autres petits animaux nuisibles.

A l'intérieur de la ferme, leur nourriture consiste surtout en pâtées de toute sorte ; on peut leur donner aussi des betteraves, des pommes de terre, des topinambours, des herbes cuites, des graines préalablement trempées dans l'eau, et même des viandes fraîches ou salées.

Les *canetons* courent dès le jour de leur naissance, et vont même se jeter à l'eau, s'ils en ont à proximité. Il est bon néanmoins de ne pas les laisser se baigner durant la première semaine, surtout si la saison est froide ; mais on leur donnera à boire dans un plat creux. Il faut éviter de les laisser mouiller par la pluie. Au bout de huit jours, ils peuvent aller librement à l'eau.

On éprouve quelque difficulté à apprendre aux canetons à manger. Comme ils digèrent très vite, il faut, dans les premiers temps, leur donner sept ou huit repas par jour. Leur régime doit comporter une proportion aussi forte que possible de substances animales. L'engraissement se fait comme celui des oies.

Le *cygne* est un oiseau de pur agrément, qu'on place dans les parcs et les jardins pour orner et animer les pièces d'eau. Il vit de plantes et de petits animaux aquatiques ; on l'a accusé, mais à tort, de détruire le poisson. Il est d'un naturel doux et pacifique ; on connaît assez la grâce et l'élégance de ses mouvements. Quant au chant du cygne, c'est une simple figure de rhétorique basée sur un préjugé légendaire.

Le Cygne et le Cuisinier

Dans une ménagerie
De volatilles remplie,
Vivaient le Cygne et l'Oison :
Celui-là destiné pour les regards du maître ;
Celui-ci, pour son goût ; l'un qui se piquait d'être
Commensal du jardin ; l'autre, de la maison.
Des fossés du château faisant leurs galeries,
Tantôt on les eût vus côte à côte nager,
Tantôt courir sur l'onde, et tantôt se plonger,
Sans pouvoir satisfaire à leurs vaines envies.
Un jour le Cuisinier, ayant trop bu d'un coup,
Prit pour Oison le Cygne ; et, le tenant au cou,
Il allait l'égorger, puis le mettre en potage.
L'oiseau, près de mourir, se plaint en son ramage.
Le Cuisinier fut fort surpris,
Et vit bien qu'il s'était mépris.
Quoi ! je mettrais, dit-il, un tel chanteur en soupe ?
Non, non, ne plaise aux dieux que jamais ma main coupe
La gorge à qui s'en sert si bien !
Ainsi dans les dangers qui nous suivent en croupe
Le doux parler ne nuit de rien.
La Fontaine.

LVII. — La Volière

La classe des *oiseaux*, et surtout l'ordre des *passereaux*, comprend un grand nombre d'espèces, que nous aimons à élever près de nous, pour l'agrément qu'elles nous procurent. L'élégance de leurs formes, la richesse de leur plumage, la beauté et la douceur de leur chant, la grâce de leurs mouvements, sont autant de qualités qui nous les font rechercher.

Tous les oiseaux d'agrément ne sont pas aussi faciles à élever : les uns supportent mal la captivité, les autres, sont très sensibles au froid de nos climats ; il en est à qui nous ne pouvons pas toujours donner la nourriture qui leur convient.

Comme il n'est pas donné à tout le monde de posséder une volière spacieuse et bien aménagée, on y supplée par des cages plus ou moins grandes. D'ailleurs, il est un certain nombre d'espèces qu'on peut laisser à l'état de demi-liberté, dans les appartements ou dans les jardins.

Les oiseaux de volière, en d'autres termes les oiseaux d'agrément, sont indigènes ou exotiques.

Parmi les premiers, on remarque : l'*alouette*, le *cochevis*, la *bergeronnette* ou *lavandière*, le *bouvreuil*, le *chardonneret*, le *bruant*, l'*étourneau*, la *fauvette*, la *linotte*, le *merle*, la *mésange*, le *pinson*, le *rossignol*, le *rougegorge*, etc.

Les espèces exotiques les plus intéressantes sont : le *bengali*, le *cardinal*, le *combassou*, le *paroare*, la *perruche ondulée*, le *sénégali*, le *serin*, le *tisserin*, le *troupiale*, la *veuve*, etc., auxquels on peut joindre les *perroquets*, *aras*, *kakatoès*, etc.

La première condition, pour bien élever les oiseaux de volière ou d'appartement, c'est de les aimer, de leur témoigner une certaine sympathie, de leur donner des soins assidus, que d'ailleurs ils s'accoutument aisément à reconnaître. On veillera à ce que leur habitation soit saine, éclairée et bien aérée, leur nourriture convenable, leur eau abondante et fréquemment renouvelée.

La plupart des petits oiseaux sont omnivores ; il faut varier leur aliment, pour entretenir leur appétit, et par suite leur gaieté et leur bonne santé. Cette nourriture présente d'ailleurs quelques différences suivant les espèces, les âges, les saisons, ou les ressources dont on dispose.

Le chènevis, les amandes pelées, les graines de melon, le millet, les échaudés, le mouron, le seneçon forment la base végétale du régime alimentaire des petits oiseaux. On y ajoute, surtout pour les becs-fins, une certaine dose de substances animales, des œufs durs, des vers de farine, du lait caillé, de la viande hachée menu, etc.

Les cages où l'on élève des oiseaux peuvent être placées dans l'appartement ou au dehors ; ils doivent avoir à leur disposition un peu de sable, de gravier ou de verdure, et surtout de l'eau où ils puissent se laver. Toutefois, à l'époque où ils couvent leurs œufs, on doit éviter qu'ils se baignent ; on leur donnera alors des abreuvoirs couverts. On y suspend aussi un morceau d'os de seiche ou biscuit de mer, où les oiseaux vont s'aiguiser ou se faire le bec.

Les oiseaux migrateurs se montrent très agités quand arrive le moment du départ ; on les voit alors se lancer avec une sorte de fureur et frapper de leur tête le haut de leur cage. Comme ils pourraient ainsi se tuer, on a soin de faire le couvercle en toile. L'éleveur ou même le simple amateur qui a beaucoup de sujets doit avoir un nombre suffisant de cages de diverses grandeurs.

Les cages volières, celles surtout que l'on destine à égayer l'appartement, reçoivent des formes plus ou moins élégantes, quelquefois vraiment artistiques. Depuis quelques années, on voit, dans les magasins spéciaux, de ces volières qui sont de petits chefs-d'œuvre, auxquels le goût parisien a imprimé un caractère de haute distinction ; malheureusement elles ne conviennent guère qu'aux riches amateurs.

Toutefois, on peut, sans aller jusqu'au luxe, réaliser l'élégance et le confortable ; mais ce qu'on doit rechercher avant tout, c'est la commodité des aménagements. Ainsi, il faut que les mangeoires soient placées sur les côtés, dans des sortes de tiroirs où les oiseaux ne puissent introduire que la tête ; le fond est à coulisse, de manière à pouvoir être aisément enlevé et remis après avoir été nettoyé ; on y met un plat large et peu profond pour la toilette et les baignades des petits habitants. Enfin, il importe que ces cages soient assez grandes et assez hautes pour que les oiseaux puissent voler en liberté et non tourner toujours au même point.

Les cages en fil de fer, découvertes de tous les côtés, sont les plus convenables ; on peut ainsi voir constamment les oiseaux, qui deviennent d'ailleurs plus familiers. On peut, dans bien des cas, leur consacrer une pièce entière, dont les fenêtres sont garnies d'un grillage en fil de fer ; si on y met quelques arbustes verts, on rend le séjour plus gai pour les oiseaux, et leur santé ne s'en trouve que mieux.

Il y aura toujours, dans les cages ou les volières, des bâtons ou des perchoirs solides et en nombre suffisant ; on les nettoiera souvent, afin d'empêcher le dépôt des ordures qui seraient nuisibles aux pattes des passereaux.

Avec des soins et de la patience, on parvient non seulement à élever et à conserver en captivité les oiseaux d'appartement ou de volière, et à jouir de leurs agréments naturels, mais encore on leur apprend à développer leurs facultés et leurs instincts, à acquérir ce qu'on pourrait appeler de petits talents d'agrément.

Les chanteurs par excellence nous charment par leurs roulades et leurs coups de gosier ; il en est qui peuvent arriver à moduler ou à siffler des airs. On sait aussi que certains oiseaux, comme les pies et surtout les perroquets, parviennent à proférer des sons articulés, imitant la voix humaine, et même à répéter des phrases assez longues.

D'autres, comme les chardonnerets, peuvent être dressés à de petits exercices gymnastiques ; ils sautent, montent et descendent le long d'une petite roue, à l'aide de laquelle ils font monter, alternativement deux petits seaux dont l'un contient le manger et l'autre le boire:

On voit que l'élève des petits oiseaux peut être une source d'agréables distractions pour les personnes sédentaires, et surtout pour les jeunes femmes. Nous ajouterons qu'elle peut devenir une industrie, une branche de commerce très lucrative, vu le prix élevé de certaines espèces.

Les Oisillons

Tandis que nous voyons croître et fleurir l'herbette,
Le verdier nous annonce une riche cueillette ;
Chaque arbre va payer son tribut au grenier
Et du poids de ses fruits fatiguer maint panier.
Divers groupes d'oiseaux, sous le naissant feuillage,
Au lever du soleil, font assaut de ramage :
Le loriot, le serin, le petit roitelet,
Le rossignol plaintif et le chardonneret,
Le merle, le pinson, la grive, la fauvette,
Et le geai qui bredouille et Margot qui caquette.
Tout musicien ailé fredonne à sa façon
En l'honneur du printemps sa joyeuse chanson.....
J'entends dans le vallon gémir la tourterelle ;

Autour du galetas gazouille l'hirondelle,
Joyeuse de revoir le toit hospitalier
Où s'ouvre tous les ans son modeste atelier.
Le moineau dans le pot pendant à la muraille
Charrie un doux duvet et quelques brins de paille,
Pour faire à ses petits un matelas moelleux
Dont la douce chaleur fécondera ses œufs.

A. Peyramale.

LVIII. — L'Abeille

L'élève des abeilles, désignée sous le nom particulier d'*apiculture*, présente de grands avantages dans toutes les fermes, quelle que soit leur étendue, mais c'est surtout au petit cultivateur qu'elle se recommande, parce qu'il peut leur donner plus de soins et d'attention.

Ce n'est pas que ces insectes soient bien exigeants, il suffit presque de leur donner un local convenable, appelé *rucher*. Ce local, ordinairement clos, souvent couvert, doit être situé dans un endroit sec, exposé au soleil, abrité contre les vents du nord, mais surtout éloigné des usines, des marais, des tas de fumier et autres causes d'infection.

Les abeilles peuvent vivre partout, mais les produits qu'on en retire varient singulièrement suivant les localités; ils dépendent surtout de la végétation du pays, car on sait que ces insectes ne sont pas, sauf dans de rares circonstances, nourris à l'intérieur, ils vont butiner sur les fleurs de la région environnante. La quantité et la qualité du miel sont donc étroitement liées à la nature des plantes qui fleurissent dans cette région. C'est ce qui explique la haute réputation du miel de certaines contrées, tant dans l'antiquité que de nos jours.

Quand on veut s'adonner à l'apiculture, il faut s'assurer d'abord si les abeilles trouveront dans la contrée les ressources nécessaires ; dans le cas contraire, il est aisé de propager par la culture quelques-unes des plantes qui influent heureusement sur la qualité de leurs produits.

Le miel du Gâtinais, qui est excellent et très blanc, doit ses qualités et sa renommée aux sainfoins et aux vignes qui existent dans ce pays ; en Sologne, où l'on ne trouve que des bruyères et du sarrasin, le miel est très noir. Il n'est même pas sans exemple que des abeilles, butinant sur certaines plantes, aient produit un miel vénéneux.

L'habitation des abeilles porte le nom de *ruche*, c'est en général une sorte de petite hutte, recouverte d'un toit ; mais sa forme, la nature des matériaux qui la composent, les détails d'exécution et de disposition varient pour ainsi dire à l'infini. Les premières ruches étaient de simples billes de bois creusées naturellement ou par des moyens artificiels. On a fait aussi, et on fait encore des ruches en écorces d'arbres, en liège, en osier, en paille tressée, en planchettes de bois, etc. Les ruches dites *d'observation* ont des parois en verre, qui permettent de suivre et d'étudier les travaux des abeilles aux diverses saisons de l'année.

La réunion de toutes les abeilles qui habitent une ruche constitue une colonie. Souvent il arrive qu'un certain nombre d'entre elles se séparent des autres pour aller fonder plus loin une nouvelle colonie, c'est ce qu'on appelle un *essaim* ou *jeton*. On pratique artificiellement l'essaimage, pour augmenter le nombre des ruches, ou pour propager les abeilles dans d'autres localités.

On distingue, dans une ruche, trois sortes d'abeilles :

la *reine*, qui est la plus grande de toutes ; les *bourdons* ou mieux *faux-bourdons*, de taille moyenne et sans aiguillon, qui sont au nombre d'un millier et font entendre en volant le bourdonnement qui les caractérise ; enfin, les *ouvrières*, les plus petites de toutes et qui sont munies d'un aiguillon.

Ces dernières, dont le nombre varie, dans une colonie, de quinze à trente mille, se subdivisent en *cirières*, qui vont butiner sur les fleurs, et en *nourrices*, qui travaillent à l'intérieur de la ruche, en même temps qu'elles gardent et protègent le *couvain* ou la progéniture.

Les anciens avaient des idées très fausses sur les abeilles. Pour eux, la reine était un roi, les faux-bourdons étaient des soldats, et les ouvrières des sujets. Il règne encore à cet égard bien des préjugés populaires.

Quand les abeilles ouvrières veulent se mettre au travail, elles commencent par boucher toutes les ouvertures inutiles et aplanir les parties rugueuses de l'intérieur de la ruche. Pour cela, elles se servent de *propolis*, sorte de colle résineuse fort tenace, qu'elles vont recueillir sur certaines plantes, et notamment sur les bourgeons de quelques arbres, tels que les peupliers, les saules, les bouleaux, les ormes, etc.

Les abeilles emploient aussi la propolis pour fixer leurs *gâteaux* à la partie supérieure de la ruche ; ces gâteaux sont composés de cire très pure et creusés d'alvéoles ou cellules hexagones (à six pans), dont la régularité a excité de tout temps l'admiration des observateurs ; c'est dans l'intérieur de ces alvéoles que les abeilles déposent leur miel.

Pour obtenir le miel, on enlève les gâteaux, on les brise sans les presser, et on les place sur des tamis ; le liquide sucré et aromatique qui en découle constitue le miel vierge, ou la première qualité. Puis on les soumet à la pression pour avoir le miel de seconde qualité.

Quand les gâteaux ont été, par une pression de plus en plus énergique, entièrement privés de miel, on les fait fondre à la chaleur et on coule la matière dans des moules : on obtient ainsi la *cire vierge;* dès qu'elle est refroidie, on peut la livrer au commerce.

Les Abeilles

En avril, lorsque la branche,
Que mars a fait bourgeonner,
D'une étoile rose ou blanche
Commence à se couronner,
Le printemps nouveau réveille
Tout un peuple industrieux ;
Aux fleurs du pêcher l'abeille
Prend son miel délicieux.

Au mois où la terre étale
La richesse des moissons,
Quand la sonore cigale
Frappe l'air de ses chansons,
Dans la lumière vermeille
Bourdonne un essaim joyeux ;
Aux fleurs des sillons l'abeille
Prend un miel délicieux.

Sur les roches calcinées
Lorsque la pente des eaux
Entraîne les graminées
Qui nourrissaient les oiseaux,
Au retour de la corneille
Quand l'âtre allume ses feux,
Dans les bruyères l'abeille
Prend son miel délicieux.

HENRY MURGER.

LIX. — Le Ver à soie

L'élève des vers à soie est désignée sous les noms de *sériciculture* ou *magnanerie*; toutefois ce dernier, qui vient du mot *magnan*, nom du ver à soie dans le midi, s'applique plus spécialement au local destiné à cette élève.

L'emplacement de la magnanerie est un point très important; il doit être sain, bien aéré, bien éclairé, exposé au levant ou au midi, éloigné des forêts, des montagnes, des rochers et des eaux courantes ou stagnantes.

La magnanerie doit être assez vaste pour qu'on ne soit jamais gêné dans les opérations multiples que comporte l'éducation des vers; elle doit être percée d'un nombre de fenêtres suffisant pour pratiquer une aération convenable; mais ces fenêtres sont munies, à l'extérieur, de persiennes ou de volets qui ferment parfaitement au besoin.

Une magnanerie bien aménagée se compose de trois étages. Le rez-de-chaussée sert de dépôt pour les feuilles qu'on vient de cueillir. Le premier étage est le logement spécial des vers à soie; il comporte une ou plusieurs pièces, plafonnées, carrelées et à murs bien crépis. Le deuxième sert à étendre les feuilles humides. Le tout, chauffé au moyen de poêles ou de calorifères, doit toujours être tenu dans un état d'extrême propreté.

Le ver à soie n'est autre que la chenille d'un petit papillon nocturne, le bombyx du mûrier, originaire de l'Asie orientale. Il se nourrit exclusivement de feuilles de mûrier; les essais tentés avec d'autres végétaux, tels que la scorsonère ou la cardère à foulon, ne sont guère que des expériences de laboratoire, qui n'ont pas jusqu'à ce jour donné lieu à des applications pratiques.

Le premier soin de celui qui veut élever des vers à soie doit donc être de planter des mûriers, s'il n'en existe pas déjà dans le voisinage.

Il faut ensuite se procurer de la *graine* de bonne qualité ; on appelle ainsi les œufs du ver à soie. Beaucoup d'éducateurs produisent eux-mêmes leur graine, que l'on conserve pendant tout l'hiver dans un endroit frais.

Au printemps, dès que les mûriers sont suffisamment garnis de feuilles, on soumet la graine de ver à soie, pour la faire éclore, à une douce chaleur. Il est très facile de hâter ou de retarder cette éclosion, de manière à la faire coïncider avec la feuillaison des mûriers. Il suffit pour cela d'élever ou d'abaisser la température, ce qui ne présente en général aucune difficulté.

Quand les œufs éclosent, il en sort des chenilles, qui sont les vers à soie ; d'abord très petites, presque imperceptibles, elles grossissent peu à peu pendant tout le temps qu'elles passent à cet état de larve, c'est-à-dire trente-cinq jours environ ; elles subissent, pendant cette période quatre crises ou mues, qui se traduisent par un changement de peau, suivi d'un redoublement d'appétit.

Pendant toute la durée de son développement, le ver doit être tenu avec la plus grande propreté. Il faut lui donner le plus fréquemment possible des feuilles nouvelles, fraîches, mais non humides. Il est bon de les diviser, de les hacher, au moins dans les premiers temps et dans le cas où elles seraient trop coriaces, trop dures pour les jeunes vers.

En même temps qu'on donne de nouvelles feuilles, il faut enlever soigneusement les débris des anciennes, qui sont d'ailleurs salies par les déjections des vers. Cette double opération, très difficile à première vue, se fait très aisément à l'aide de papiers percés de trous ronds régulièrement espacés ; sur ces papiers en dispose la feuille nouvelle ; quand les vers sont montés par-dessus, ce qui ne tarde pas, on soulève ces papiers avec précaution, et on enlève les papiers et les déchets qui se trouvent au-dessous.

Dès que le ver est arrivé au terme de son existence sous la forme de chenille, il fait sortir un fil de soie très long et d'une extrême ténuité, qui, retourné et enroulé sur lui-même un grand nombre de fois, constitue un cocon en forme d'œuf blanc, jaune ou verdâtre. C'est dans l'intérieur de ce cocon que la chenille passe à l'état de chrysalide ou de nymphe ; celle-ci est complètement immobile et comme privée de vie.

Si alors on expose les cocons à une chaleur assez forte pour faire périr l'insecte, on peut dévider entièrement le fil qui les compose et en obtenir cette matière textile avec laquelle on fait les étoffes de soie.

Si au contraire le cocon est abandonné à lui-même, la chrysalide se transforme en papillon blanc grisâtre, qui sort du cocon, au bout de douze à quinze jours en tout, en perçant une de ses extrémités. Le fil, étant ainsi coupé à tous ses plis, ne peut plus être dévidé ; mais on l'utilise pour faire les tissus dits de bourre de soie.

Les papillons sortis des cocons meurent au bout d'une quinzaine de jours, après que les femelles ont pondu la graine ou les œufs, que l'on recueille sur des morceaux de drap, pour l'éducation qui doit suivre.

La Chanson de la soie

C'est du pays bleu de la Chine,
Contrée où fleurit l'inconnu
Et plus d'une plante divine,
Que le mûrier blanc est venu.
Sa feuille est soyeuse et fertile ;
Le ver à soie, en la rongeant,
A son insu dévide et file
Un écheveau d'or et d'argent.

Les plus célèbres filandières,
Les Parques, Minerve, Arachné,
Ont brisé fuseaux et filières,
Lorsque le ver à soie est né.
On peut comparer la finesse
De son linceul, brillant réseau,
Aux fils blancs que la Vierge laisse
S'éparpiller de son fuseau.

Une chinoise, en l'an deux mille,
Surnommée Esprit du mûrier,
Rendit le ver à soie utile,
Et sut en faire un ouvrier.
Un beau jour la France l'accueille,
Et, dardant son plus chaud rayon,
Du mûrier fait pousser la feuille ;
Sa soie est tissée à Lyon.

Que de métiers ! que de bobines !
Que de travaux et d'œuvres d'art !
Quel essor donnent aux machines
Vaucanson et l'humble Jacquart !
Quand l'insecte a fini sa tâche,
Des milliers de doigts sont en jeu ;

Les fils sont croisés sans relâche ;
L'homme achève l'œuvre de Dieu.

Dans ce labyrinthe des fées
L'esprit émerveillé se perd ;
Mais combien d'âmes étouffées,
Dans ce travail, comme le ver !
J'entendais une jeune fille
Dire en pleurant sur son fuseau :
Je suis comme l'humble chenille,
Et je file aussi mon tombeau.

Pierre Dupont.

LX. — Le Vivier

Les eaux ne servent pas seulement à orner le paysage. On peut en retirer un assez grand produit par la culture de certaines plantes, comme par la multiplication des poissons ou d'autres animaux vivants dans le même milieu, sans compter les services qu'elles sont appelées à rendre, soit comme force motrice, soit comme éléments d'irrigation.

A part les marais insalubres, qu'on doit dessécher, toutes les eaux, courantes ou dormantes, libres ou captives, peuvent être utilisées au point de vue du produit. Fleuves, rivières, ruisseaux, lacs, étangs, mares, bassins, viviers, fossés, canaux, etc., présentent des conditions spéciales qui, bien étudiées, permettent d'en augmenter et d'en régler la production.

La mise en valeur des eaux constituent donc une véritable culture, qu'on a désignée récemment sous le nom d'*aquiculture*. Si elle n'est pas absolument nouvelle, si quelques-uns de ses procédés ont été depuis longtemps appliqués dans certaines régions, il faut aujourd'hui étendre, perfectionner et compléter ses méthodes, pour enrichir son domaine.

On peut cultiver ou élever dans les eaux bien des espèces animales ou végétales, propres aux usages alimentaires, économiques ou industriels, ou bien à la simple ornementation.

Il y a toujours avantage à propager, dans les eaux courantes ou dormantes, certains végétaux, tels que le cresson de fontaine, la mâcre, les roseaux, les massettes, les joncs, les nénuphars, les nymphéas et autres qui se plaisent dans ce milieu. Outre les produits matériels qu'ils peuvent fournir, ils offrent en même temps des abris aux poissons qu'on élève dans ces eaux.

Bien que tous ces poissons préfèrent les eaux libres et courantes, il en est pourtant qui s'accommodent assez bien des eaux captives, où ils croissent et se multiplient, pourvu qu'elles ne reçoivent pas les résidus des usines, qu'elles ne servent pas au rouissage du chanvre et du lin, en un mot qu'elles ne soient exposées à aucune chance de corruption.

Parmi les poissons qu'on élève dans les étangs, il faut citer en première ligne la *carpe*, qu'on a surnommée pour ce motif la *reine des étangs*. Elle s'y propage bien, grossit très vite, arrive à de grandes dimensions et donne un assez grand revenu ; c'est d'ailleurs un très bon aliment, à moins que les eaux où elle vit ne soient par trop vaseuses.

La *tanche* est une espèce qui se rapproche beaucoup de la carpe ; mais, si elle est moins difficile pour la nature de l'eau, elle exige un plus grand espace pour croître, et sa chair est beaucoup moins estimée ; aussi son élève est-elle moins avantageuse que celle de la carpe.

L'*anguille* ne se reproduit pas dans les eaux douces de l'intérieur des terres : il est néanmoins facile de l'y propager artificiellement. On trouve, au printemps, à l'embouchure des fleuves un nombre incalculable de très petites anguilles : c'est ce qu'on appelle la *montée* ; on peut transporter ces petits poissons dans les étangs, où ils continuent à grossir, pourvu qu'ils y trouvent une nourriture suffisante.

La *perche*, bien qu'aimant les eaux profondes et pures, peut vivre dans les étangs, même dans ceux dont le fond est vaseux. Mais comme elle est très vorace, il ne faut pas la mettre dans les eaux qui renfermeraient beaucoup d'*alevin* ou de jeunes poissons. Quant à la qualité de sa chair, c'est un de nos meilleurs poissons de rivière.

Le *brochet* l'emporte encore sur la perche pour la voracité ; c'est le fléau des étangs ; aussi n'est-ce pas sans raison qu'on l'a surnommé le *loup des eaux* ; sa chair est très estimée ; mais on ne cherche guère à le propager, si ce n'est dans des pièces d'eau qui lui sont spécialement destinées, et où l'on trouve beaucoup de *poisson blanc*.

On comprend sous ce dernier nom les espèces de petite taille, herbivores ou vermivores, qui servent à leur tour de nourriture aux autres, comme l'*ablette*, le *goujon*, la *loche*, le *meunier*, le *vairon*, la *vandoise*, etc.

Le *barbeau* ressemble quelque peu au brochet ; il se plaît dans les eaux rapides à fond caillouteux, se nourrit de petits poissons, peut vivre dans les rivières et y atteint une grande taille ; quand on lui donne de la viande, il se jette dessus avec avidité ; sa chair est très délicate.

Le *cyprin doré*, vulgairement nommé *poisson rouge*, est surtout employé à peupler les pièces d'eau dans les jardins ; on peut le conserver très longtemps, à l'intérieur des appartements, dans un bocal rempli d'eau fréquemment renouvelée ; on lui donne du pain, des œufs durs, des mouches, etc.

Parmi les autres poissons qu'on peut élever dans les étangs ou les viviers, bien que la plupart préfèrent les eaux courantes, nous citerons l'*alose*, la *brême*, l'*éperlan*, le *gardon*, la *lamproie*, le *saumon*, la *truite*, etc.

Quand on a à sa disposition des eaux suffisamment vives, des ruisseaux par exemple, on peut y élever des *écrevisses* ; on sait combien leur chair est délicate et recherchée. Ce crustacé est vorace, mais peu difficile à nourrir ; son plus grand défaut est d'avoir une croissance très lente.

Enfin, les eaux stagnantes ou marécageuses sont utilisées, dans certains pays, pour la multiplication des *sangsues*, qui forment une spéculation assez lucrative.

Le Poisson rouge

Ce poisson, originaire de Chine, est susceptible de la plus familière domesticité ; en Chine, il est domestiqué depuis fort longtemps, et l'on en possède dans les bassins des résidences royales qui atteignent cinquante centimètres. Les variétés sont nombreuses, et l'on peut les faire produire facilement. Ces poissons sont très voraces et mangent des vers souvent plus longs qu'eux, et on les voit mâcher leur proie en l'avalant, afin d'en venir à bout. C'est, au reste, une sorte d'amusement de donner un ver à l'un de ces poissons et de voir les autres accourir vers celui qui a attrapé la proie pour en saisir l'extrémité flottante ; c'est en quelque sorte, avec un autre aliment, le même spectacle que celui qui nous est offert par nos carpes lorsqu'elles se disputent un gros morceau de pain. L'on peut changer à l'infini les variétés du cyprin. L'habileté de ceux qui veulent les élever consiste à mélanger convenablement les races dans les eaux où on veut les amener à la reproduction. Pendant les premières années, leur vie est très délicate, et il faut être très soigneux, très habile pour réussir et conduire les poissons à leur troisième année ; mais ensuite des soins très bornés suffisent pour les maintenir sains et saufs.

F. Prévost.

FIN

TABLE

	Pages.
Préface.	5
Généralités.	9
La Vie champêtre. (A. de Lamartine)	13

Chapitre I. — L'Habitation.

I. — La Maison.	15
II. — Le Mobilier	18
III. — La Lingerie	20
La légende du Chanvre. (Achille Millien).	23
IV. — Chauffage. — Éclairage	24
V. — La Cuisine.	27
La Cuisine ancienne. (P. Larousse)	30
VI. — L'Office et la Cave.	31
Les Talmeliers. (G. Depping).	34
VII. — L'Infirmerie	35
La Visite des malades. (A. de Lamartine).	37
VIII. — Les Dépendances	39
La Ferme. (A. Thiébaut de Berneaud).	42
IX. — Les Annexes.	43
Les Moulins. (A. Dupuis)	47

Chapitre II. — Le Domaine.

X. — Le Sol	48
Les Terres. (Virgile.).	51
XI. — Arrosements	52
Les Irrigations. (L. de Perthuis.).	55

		Pages.
XII. —	Desséchements	56
	Les Marais. (Chassiron)	59
XIII. —	Les Labours	60
	Le Paysan. (H. Gourdon de Genouillac)	63
XIV. —	Les Engrais	64
	Le Sol et l'Engrais. (G. Delille)	68
XV. —	Les Assolements	68
	La Magie du laboureur. (G. Delille)	71
XVI. —	Le Faire-valoir	72
XVII. —	Les Clôtures. — La Garde	74
	L'Œil du Maître. (La Fontaine)	77
XVIII. —	Comptabilité	78
	Le Budget rural. (E. Lecouteux)	81

CHAPITRE III. — LE JARDINAGE.

XIX. —	Les Jardins	82
XX. —	Multiplication	85
	L'Invention de la Greffe. (A. Peyramale)	88
XXI. —	Jardin fruitier	89
	Origine des fruits. (R. Rapin)	91
XXII. —	Taille des arbres	93
	Historique de la Taille. (A. Puvis)	96
XXIII. —	Conservation des fruits	97
	Les Fruits. (A. Thouin)	100
XXIV. —	Jardin potager	101
	Les Maraîchers de Paris. (Courtois-Gérard)	104
XXV. —	Culture des légumes	105
	Les Primeurs. (Bost-d'Antic)	108
XXVI. —	Conservation des légumes	110
	Fèves et Lupins. (D. Millot)	112
XXVII. —	Plantes médicinales	114
	Les Plantes indigènes. (A. Gautier)	117

CHAPITRE IV. — LES FLEURS.

XXVIII. —	La Floriculture	118
	Expositions d'horticulture. (Ed. André)	121

		Pages.
XXIX.	— Le Parterre.	123
	La Floraison. (Henri Lecoq).	126
XXX.	— Spécialités.	127
	La Violette. (Julia Fertiault).	131
XXXI.	— Le Rosier	132
	La Rose. (Victor Hugo)	136
XXXII.	— Arbustes et arbrisseaux.	137
	L'Aubépine. (Claye).	140
XXXIII.	— Arbres d'ornement.	141
	Le Chant. (A. Brizeux)	144
XXXIV.	— Arbres verts.	145
	Les Arbres toujours verts. (G. Hécart).	148
XXXV.	— Jardin paysager	149
	Le Paradis terrestre. (Milton).	152
XXXVI.	— Les Serres.	154
	Les Jardins d'hiver. (Drouyn de Lhuys).	157
XXXVII.	— Les Fleurs au salon	158
	Le Jardin chez soi. (A. Thiébaut de Berneaud)	161

CHAPITRE V. — LES CHAMPS.

XXXVIII.	— Les Céréales.	163
	La Chanson du blé. (J. Barbier et M. Carré).	166
XXXIX.	— Les Prairies	167
	La Fenaison. (A. Peyramale).	170
XL.	— Plantes sarclées	170
	La Pomme de terre. (B. Millot).	173
XLI.	— Plantes industrielles.	174
	Le Lin. (Ferd. Hoefer)	177
XLII.	— La Vigne	178
	Histoire de la Vigne. (Valmont de Bomare)	181
XLIII.	— Cultures fruitières.	183
	Le Pommier. (A. Du Breuil).	185
XLIV.	— Cultures arbustives	187
	Le Mûrier. (F. Rozier)	190
XLV.	— Arbres forestiers.	190
	La Forêt. (Victor Hugo).	194

Pages.

Chapitre VI. — Le Bétail.

XLVI.	— L'Élevage	196
	Le Troupeau commun. (A. Arnoul)	199
XLVII.	— Le Chien et le Chat	200
	L'Homme et le Chien. (A. de Quatrefages)	204
XLVIII.	— Le Cheval et l'Ane	205
	Les Chevaux. (P.-F. de Rosset)	209
XLIX.	— Le Bœuf	210
	Les Vaches bretonnes. (J. Bodin)	213
L.	— Le Mouton et la Chèvre	213
	La Tonte. (A. Peyramale)	216
LI.	— La Laiterie	217
	Les Vacheries du Mont-Dore. (Henri Lecoq)	221
LII.	— Le Cochon	222
	La Charcuterie. (P. Larousse)	225

Chapitre VII. — La Basse-Cour.

LIII.	— Le Lapin	226
	Les Terriers. (A. Français, de Nantes)	230
LIV.	— Les Gallinacés	230
	Le Paon. (Buffon)	234
LV.	— Les Pigeons	235
	Le Ramier. (Z. Gerbe)	238
LVI.	— Les Palmipèdes	239
	Le Cygne et le Cuisinier. (La Fontaine)	243
LVII.	— La Volière	243
	Les Oisillons. (A. Peyramale)	247
LVIII.	— L'Abeille	248
	Les Abeilles. (Henry Murger)	251
LIX.	— Le Ver à soie	252
	La Chanson de la soie. (Pierre Dupont)	255
LX.	— Le Vivier	256
	Le Poisson rouge. (F. Prévost)	259

5408.— Tours, imp. Rouillé-Ladevèze.

www.ingramcontent.com/pod-product-compliance
Lightning Source LLC
Chambersburg PA
CBHW070616170426
43200CB00010B/1805